ヤマケイ文庫

山怪 弐

山人が語る
不思議な話

Tanaka Yasuhiro

田中康弘

Y L
Yamakei Library

カバー装画＝柄澤 齊

山に潜みしモノ
或る時は光りながら宙を彷徨《さまよ》い
また或る時はがさがさと藪《やぶ》の中を歩き回る。
山に潜みしモノ
或る時は小屋の壁を突き抜け
また或る時はじっと分かれ道に佇《たたず》む。
山に潜みしモノ
或る時は冷たく周りを包み
また或る時はいつまでもついてくる。
山に潜みしモノ
その正体は誰にも分からない。

山怪 弐・目次

III 森の咆哮 217

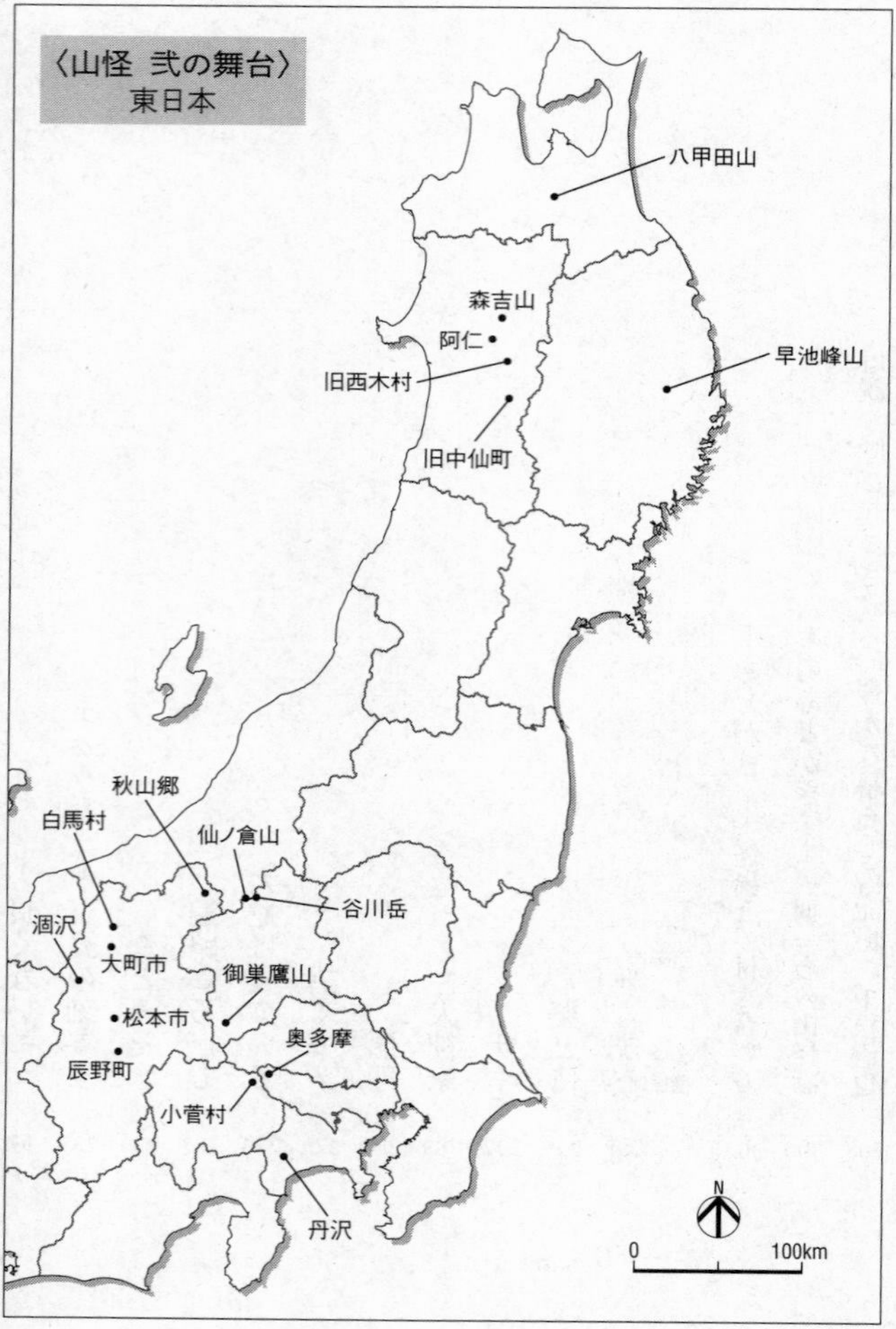
〈山怪 弐の舞台〉
東日本
八甲田山
森吉山
阿仁
旧西木村
早池峰山
旧中仙町
秋山郷
白馬村
仙ノ倉山
谷川岳
涸沢
大町市
御巣鷹山
松本市
奥多摩
辰野町
小菅村
丹沢
N
0
100km

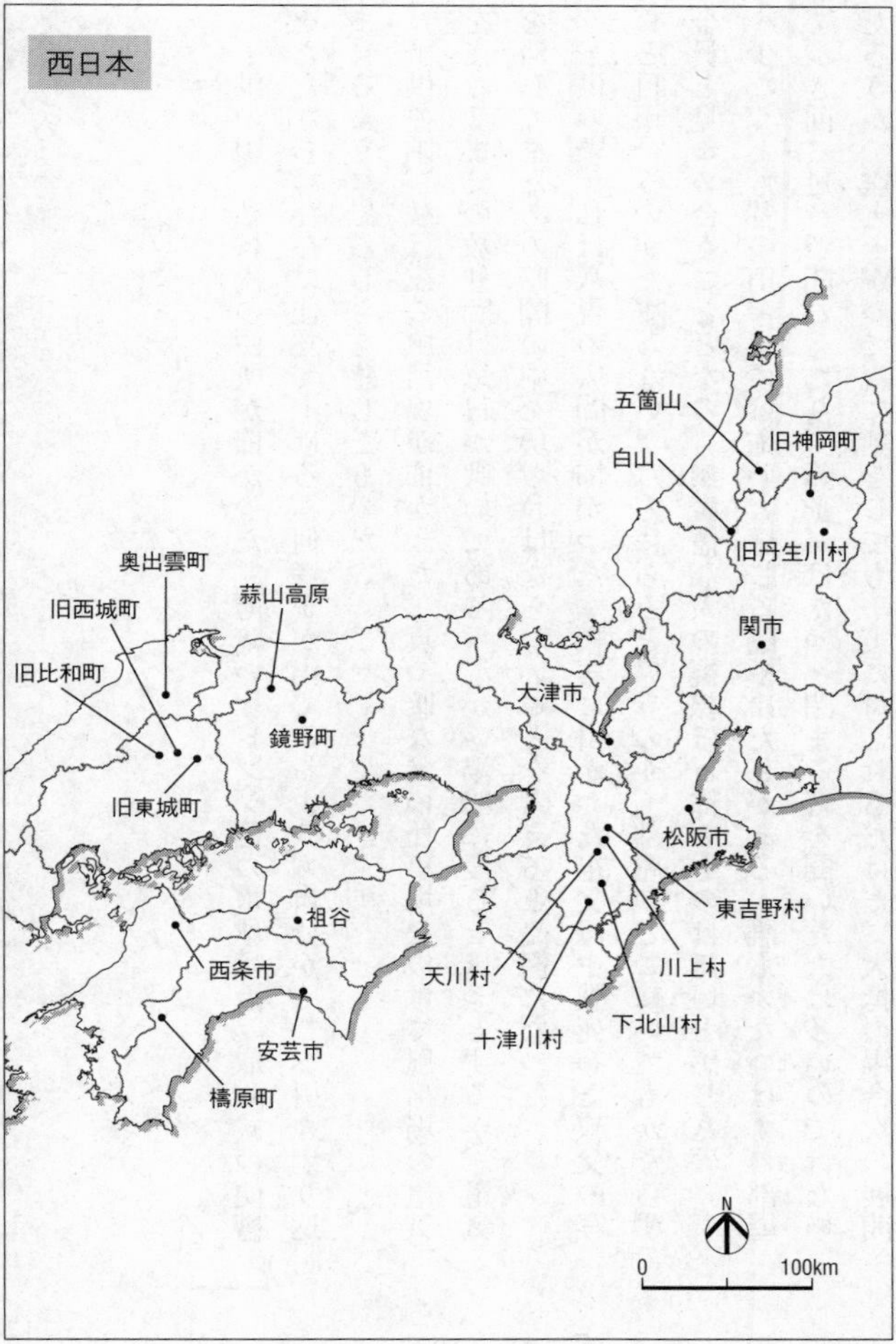

西日本
五箇山
旧神岡町
白山
旧丹生川村
奥出雲町
蒜山高原
旧西城町
関市
旧比和町
大津市
鏡野町
旧東城町
松阪市
東吉野村
祖谷
西条市
川上村
天川村
下北山村
安芸市
十津川村
檮原町
N
0
100km

はじめに

子供の頃、私は夜の便所が怖かった。薄暗いオレンジ色の電球は汲み取り式の便槽をただならぬ存在に仕立て上げる。何者かが出てくるよりも自分がそこへ引きずり込まれるような恐ろしさを感じたものだ。

子供の頃、私は夜の風呂場が怖かった。真っ暗な父の仕事場を抜けて風呂場の電気を点《つ》けるまでの数秒間は毎日が戦いである。温かい湯船に浸るとほっとするが、電気を消してまたあの暗闇の中を戻らねばならないことを考えると憂鬱になった。

子供の頃、私は八畳の広間が怖かった。鴨居に掛かった祖父母や戦死した叔父の写真と目が合うのがたまらない。八方にらみというのか、部屋のどこにいてもかならず全員と見つめ合うこととなる。無表情な人の視線ほど怖いものは無いと感じた。

少なくとも昔の田舎家には怖いと感じる闇や冷たさがある。誰もいないはずの部屋を歩き回る足音が聞こえたり、障子がぱたっと閉まる音を聞いた人は多いのではないだろうか。震え上がって親に話をしても一笑に付されるだけだ。大抵の場合次の展開は無く、映画のようにこれでもかと恐怖が押し寄せてくることはほぼあり得ない。それはそれで大変ありがたい話なのだ。では小さな恐怖の正体はというと、結局不明のまま時が過ぎ去る。

私を怖がらせた生家とは違い、現代の住宅は密閉性が非常に高い。外部との温度差や湿度のコントロールを効率的に行うためだ。開口部はなるべく小さくして遮音性の高い窓を配した空間は、さながらシェルターのようでもある。そこにいれば一年中同じような、言い換えれば変化の乏しい空気の中で暮らせる訳だ。天井が低い家の中は隅々まで明るくビジネスホテルのようであり、そこには薄気味悪さを感じさせる要素はまったく無い。現代人のほとんどはこのような住環境の中で暮らしている。一見利便性が高く快適極まりない生活空間は、人が本来持っている本能を眠らせてはいないだろうか。

人が山へ入る目的はさまざまだ。頂きを目指してひたすら登る人、旬の山菜やキノコを求めて藪《やぶ》を掻き分ける人、幻の巨大イワナに会うために沢を遡上《そじょう》する人、獣を打ち倒すために崖をよじ登る人、山仕事のために森を跋扈《ばっこ》する人、そして自分を鍛えるためにひたすら山を駆け巡る人。

目的は各々違うが、山の中に自分の体を投げ出すのはすべての行為に共通する。それは暑かろうが寒かろうが、雨が降ろうが日が照りつけようが、一人であろうが複数であろうが、変わらない。普段はマンションで快適に暮らし、明るいオフィスで仕事をする現代人たちも、山へ入ればたちまち古代人と同じ土俵に立たされる（もちろん装備は違うが）。そこは普段自分たちが生活している日常とはかなり異なっている。静かすぎて耳が勝手に妙な音を拾ってくる世界、暗すぎてその闇の奥をじっと覗き込んでしまう世界。そんな独特の世界では空気の微妙な変化や鼻腔に入るかすかなにおいにも体は敏感に反応する。闇の中に佇《たたず》むモノに気がつき体が緊張したり、藪の中を進む姿無きモノに遭遇し思わず目を向ける。かと思えば今まで歩いていたはずの道が突如消え失せて森に孤立したり、信じられないくらい立派な建築物に迷い込んだりする。誰もが平等に無防備な山の中では、少なからぬ人がこのような山怪に遭遇するのだ。

山怪経験の程度は実にさまざまである。とてつもなく恐ろしい目に遭う人がいるかと思えば、何とも長閑《のどか》な時を過ごす人もいる。人それぞれの体質やバックボーンの違いが体験の差となって現れるのかも知れない。

この本では基本的に前作と同じ手法で日本各地を回り、話を聞いている。山間部に暮らす人、森林伐採等の山仕事に従事する人、登山者、そして猟師や修験者からさまざまな体験談を聞いている。どこに不思議な話があるのかまったく分からない中での彷徨《さまよ》える取材は効率的ではない。ある人には〝雲を摑《つか》むような話だ〟と笑われたが、やりようによっては雲は摑めるのである。

雲を摑むような取材を終え改めて前作を読み返すと、山怪話の共通点が浮かび上がり非常に興味深いものがあった。ひょっとしたら日本の山々には異界へと通じる扉があるのかも知れない。扉の場所は違えども行き着く先は同じなら、各地の話に共通点があっても不思議ではないのである。個人的にはその扉に手を掛けたくはないのだが……。

I　胸騒ぎの山

八甲田山

八甲田山の周辺には趣のある名湯が多い。古くからの湯治場で農閑期には多くの人でごった返した。近年は秘湯として人気を集めている。そんな宿の一つ、谷地《やち》温泉の支配人下山正一さんに聞いた話。

「家のすぐ後ろが山なんですよ。そこにね、侍が埋まっている場所があるんですよ」

「侍ですか？」

「そう。よくは分からないんですけど、少しこんもりした所に侍が埋まっているって言われてましてね」

下山さんが小学生の頃、その場所で友達と遊んでいると青白い光の塊に遭遇した。大きさは子供の頭くらいで、尾を引いてふわふわと飛び回っている。初めて見る火の玉に呆気《あっけ》にとられていると、辺りの空気が急に冷たくなった。二人は季節はずれの寒さを感じ始めたのである。

「もうびっくりしてね、怖くて家に逃げ帰りましたよ」

〝大変だ！　家の裏にとんでもないモノがいるっ〟と血相を変えて親に話したが……。

「それが全然驚かない。ああ、あれねって感じでスルーされましてねえ」

拍子抜けした子供たちは、それが別段珍しくないモノであることを知った。

それから時が経ち、侍が埋まっていると言われた小山は道路になった。工事の時には多くの骨が出たそうである。

＊

田代平《たしろたい》の茶店の婆ちゃんに聞いた話。

「不思議なこと？　いやあ何も無いなあ。ＵＦＯでも見たいんだけど全然出てこないんだよねえ。毎日飛んで来ないかなあって空見てるんだよ、四十年以上も。でも何も無いわ」

婆ちゃんは何も不思議な経験は無いと言うが、娘さんは実に奇妙な光景を目にしている。それは素晴らしい満月の夜のことだ。遥《はる》か遠くまで月明かりに照らされた田代平、あまりの美しさに窓を開けて外を眺めていると黒い輪が見えた。

「あれ？　何だろうって見たらカラスなの。草原にカラスがたくさん集まって綺麗に円を描いてね、カーカー鳴いてたんだって」

月明かりに照らされたカラスたちは、まるでサークルダンスをするように楽しそうに跳ねていたそうである。

「あれは凄く不思議だったたって娘が言ってたよ」

真夜中の行軍

八甲田山といえばミステリースポットとしてあまりに有名である。明治三十五年に起きた八甲田山雪中行軍遭難事件がその発端であることは言うまでもない。ネット上ではいくつかの類型怪談話を見受けるが、それとはまったく違う話を聞いた。これは現在も営業をしている施設の出来事なので場所と名称は特定しないことにする。

*

八甲田山麓のある宿泊施設では、真夜中になると館内を歩き回る複数の人影があった。その姿は明治時代の陸軍歩兵、猛吹雪の中で立ち往生をした例の遭難者たちである。ほとんどの施設従業員が彼らを見ているが、不思議なことに誰も怖がらないし、怪談話にもなっていない。

「最初は驚くんだけどねえ、すぐ慣れるみたいだよ。何かする訳じゃないし、怖いと感じもしないらしいね。ただ歩いているだけだから」

ほぼ毎日のように彼らは施設内を彷徨い、そして消えていく。従業員たちは少し可哀想な魂だと感じて、特に騒ぐこともなくそのままにしておいた。ところがしばらくして施設は大きな変化を迎える。オーナーが変わったのである。

「そこにはたくさんの資料があったのよ、遭難事件に関する。かなりの量があったんだけどね、それを全部焼き捨てたの、新しいオーナーが」

施設には遭難事件の資料や旧日本軍関係の物品が多く展示されていた。それを快く思わない新オーナーは、従業員に命じて施設の裏に集めるとすべてを灰にしたのである。その日以来、真夜中の行軍はぴたりとやんだ。

「新オーナーは幽霊話が嫌で関係資料を焼いたんですか?」

「違うのよ、ただ単に日本軍が嫌いだったからなんだけどね」

自分たちが快く思われていないと感じた霊たちが離れてしまったのだろうか。それならば少し可哀想な気もする。

怖いモノは無視せよ！

早池峰《はやちね》山麓にある温泉施設で働く人の話。その方は何も感じない体質で、不思議な出来事も経験は無いという。

「私の家は鈴久名《すずくな》の集落にあるんだよ。去年ね、仕事帰りの娘が真っ青になって家に駆け込んできたことがあって……」

二十四歳になる彼女の娘さんは自転車で職場へ通っていた。その日も通い慣れた国道一〇六号線を走り鈴久名トンネルを抜けたが、そこで何とも言えない感覚に襲われた。

「これは駄目だ、いるよ」

自転車をこぐ速度が知らず知らず上がる。間違いなく何かが背後に迫ってくる気配があった。

「我慢出来なくなって振り向いたら人魂《ひとだま》が追っかけてきてたんだって。それに追われて必死に家まで帰ってきたらしいの。今でも言うもん、あのトンネルの入口には立ってるって」

＊

娘さんは昔から霊感が強い訳ではなかったらしい。それが急に目覚めたのは学生時代を過ごした仙台での出来事である。入居したアパートの部屋がいわゆる〝出る〟部屋で、次々に人が引っ越すいわくつきの物件だったのだ。そこでしばらくは過ごしたが耐えきれずに別の部屋へ移り、それ以来体質が少し変化したらしい。

「霊感が強くなってよく見えるみたい。家でもね、トイレのドア開けたらそこに兵隊さんが立ってたんで慌ててドア閉めたって。誰かは分からないけど、きっとお婆ちゃんの関係者だと思うよ。その人、家の中をよく歩き回ってるらしいから」

＊

地区の施設で働いていた時もかなり怖い思いをした。一人で事務所に残り仕事をしている時のことだ。急に寒気を感じて顔を上げると、

〝パキッ！　パキッ！〟

部屋中にラップ音が響いた。

「あっ、これは嫌だなあ。まずいなあ……」

異様な雰囲気はどんどん濃くなっていく。そのうち、

〝しゅるるるっ〟

という衣擦《きぬず》れの音が通路から聞こえてきたのである。壁を挟んだ向こう側には何かがいる。その絵が頭にはっきりと浮かんだ。長い着物の裾を引きずって歩く、ある程度身分の高そうな女の人である。

〝しゅるるるっ、しゅるるるっ〟

机に固まったまま、その音が消えるのをただじっと待つしかなかった。この施設は道を挟んで向かいに寺があり、この音以外にもさまざまな現象が立て続けに起きたのである。

「娘が言うには霊の通り道になってるんじゃないかって。それからあまりに怖くてそこを辞めちゃったのよ」

娘さんは今でもいろいろのモノを見るが、最近はなるべく怖がらないようにしているそうだ。怖い怖いと思うと付け込まれるから無視をするのが最善の策だと思い至ったらしい。

「娘はそう言うけど、そこにいるって言われたら怖くて私はトイレに行けないよ」

何も見えないはずの母は怖がり、見えるはずの娘は平静を装っている。

落ちた火の玉

　秋田県旧中仙町（現大仙市）の猟友会に所属する戸嶋洋幸さんは小学生の頃、不思議な火を見ている。それは夏の日の出来事だった。

「夕方ですね、確か。田圃《たんぼ》の畦道《あぜみち》を歩いてたんですよ、親と一緒に。そうしたら少し先の畦から火が上がったんです」

　まるで打ち上げ花火のようにポンっと小さな火が舞い上がる。それは二メートルほどの高さに達するとぱっと消えた。

「もう怖くてね、親にあれは何だって聞いたら、〝あれは狐の花火だ〟って言われました。この辺りの年寄りはほとんど見てると思いますよ。狐の花火とか狢《むじな》の花火ってみんな言いますね。狐火ですか？　いや、この辺りじゃ聞いたことないなあ」

　戸嶋さんの家から一時間程度で狐火溢《あふ》れる旧阿仁《あに》町（現北秋田市）だが、旧中仙町ではそういう呼び名はないらしい。

「真っ昼間に見たこともあるんですよ、謎の火は。小学校の三年生だったかなあ、学校の帰り道にね、ちょっと薄暗い場所があるんです。そこに青白い火がぽつんと燃えているんですよ」

そこは左が藪で右が墓地、昼間でも一人で歩くのが怖い所である。ただでさえ気持ち悪い場所なのだ。おしっこを漏らしてもおかしくない状況で戸嶋さんは謎の火に近づくと、まじまじと見つめた。

「いや、怖いんですよ。怖いけど好奇心のほうが強くてね。これは何だろうと見てたんです。不思議な火でしたね。青白く静かに燃えているんです、道の上で。私は飛んできた火の玉が落っこちたんだと思いましたね」

＊

戸嶋さんの母親は、強酸性温泉で有名な旧田沢湖町（現仙北市）玉川地区の出身である。お母さんも子供の頃は火の玉に追いかけられたことがあるそうで、やはり秋田県は狐火の王国らしい。

「狐や狢に騙《だま》される話はよく聞きますよ。五年前だったかなあ、山にキノコ採りに行ったんですよ。そこで会ったおばさんが忠告するんです、狐に気をつけろって」

彼女は狐に騙されて怖い思いをしたと言い、その恐ろしさを戸嶋さんに切々と語るのである。腰にぶら下げた季節はずれの蚊取り線香が気になって尋ねると……。

「これか、これは狐除けだぁ」

いや蚊取り線香が苦手なのは蚊じゃないのかと言いたい気持ちを抑えて、戸嶋さんは彼女と別れたのである。

仏おろし

　ある日突然に何らかの能力が身につくことなどあるのだろうか。いわゆる霊能力に関してはよく聞く話で、交通事故で死線を彷徨った後、目覚めると死者の姿が見えるようになった、などがある。同様に戸嶋さんの幼なじみの女性も、ある日突然霊能力が開花したそうだ。

「いや子供の頃はそんなことはまったく聞いたこともなかったよ。それはね、嫁いだ先で不思議なことがあってからだね」

　彼女の舅《しゅうと》は骨董品が好きで、中でも刀剣類を集めるのが趣味だった。その舅がある日、意気揚々と帰宅すると、一振りの刀を自慢げに彼女に見せたのである。もともと刀に興味などまったくないから舅のご高説など聞き流していたが、舅が鞘から刀身を引き抜くと異変が起きた。

「抜いた途端にキラーって眩しいくらいの光が飛び出したんだ。その光を見てから彼女は急に具合が悪くなってしばらく寝込んでねえ、かなり苦しい思いをしたそうだよ」

数日間起き上がることも出来ないくらいに体調が悪化したが、その理由は不明である。しばらくして快復すると、見える景色がまったく変わっていることに彼女は気づいた。霊能者として生まれ変わっていたのである。

「聞いたらね、何でもその刀に宿っていたどこかのお姫様が体に入ってきたそうだよ。今じゃ専門で仏おろしをやってるんだ。死んだ人を呼び出すあれね、イタコさんみたいに。凄く力があるみたいで遠くからも訪ねてくる人が大勢いるんだよ、紹介しようか？」

紹介されても、今会いたいのはこの前死んだ飼い犬ぐらいなのだが……。

＊

仏おろしという行為は北東北では一般的らしい。谷地温泉の下山さんの母親は今でも毎年恐山《おそれざん》へ行くそうだ。早世した弟さんに会うためだという。また宮古市では時々恐山からイタコさんを呼んで仏おろしの会がデパートで開かれる。それを知らせるチラシが新聞に入るというから所変わればである。

同じ夢を見る

戸嶋さんの家の近所には無縁仏があるそうだ。墓といっても、もともとは小さな塚があるだけで、何者が埋まっているのかは定かでない。

「行き倒れの人じゃないのかねえ。詳しいことは誰も知らないんだよ、ただ無縁仏って呼んでるだけだから」

ある日のことである。市の教育委員会に一本の電話が入った。

「そちらのどこかに無縁仏が埋められている場所はありませんか？」

いきなりの連絡に担当者は戸惑うが、即答は難しい。調べてから改めて連絡することにして、その時は電話を切った。それから地域の歴史に詳しい人たちに話を聞くと、例の無縁仏の存在が判明したのである。

「電話してきた人はかなり遠くの人で、何でも全国を訪ね歩いていたんだと」

それは不思議な話だった。連絡者はある時期から毎晩のように同じ夢を見ているという。夢の内容はこうだ。細い山道を登っていくと寂しい場所にぽつんと佇む小さな塚がある。近寄ってみると何とも言い難い気分に襲われた。これはそのままにしてはいけない。私が供養をしなければならない。そう決心したところでいつも目が覚めた。それから彼は暇な時に思いつくと各地に出向いては夢の無縁仏を探し求めているのである。

「調べて連絡したらその人がやって来てね。例の無縁仏まで市の担当者が案内したんだよ。そうしたらもう途中から〝ここだ、ここだ〟って言い出して、現場に着いたら涙流してるんだって」

毎日のように夢に見た光景に間違いなかった。静かに草の間に佇む無縁仏も夢そのものだったのである。それから彼は住職を手配し、塚に供養塔を立てると安心して帰っていった。しかし結局、彼と無縁仏との関係性はまったく分からなかったそうである。

夢で呼ぶのは

旧中仙町から北へ進むと、阿仁との中間辺りに旧西木村（現仙北市）の桧木内《ひのきない》がある。そこで猟をする武藤誠さんの話。

「俺は猟が嫌いだったたんだよ。親父が地区のシカリ（頭目）であったたんだ。仕事休んでまで山に行くのをいつも見てて、何であんなことするんだろうって思ってな。また猟の後に仲間が集まってずーっと宴会だべ、もうそれも嫌で猟師は嫌いだったたなあ」

そんな猟嫌いな武藤さんが猟を始めるきっかけは、父親が亡くなったことだった。

「親父が死んで残った銃には触れない訳だ、俺は（銃所持免許が無いから）。それで銃砲店の人に引き取りに来てもらったら、何だか凄く寂しくなってな。ああ、もう猟師の家ではないんだなあって」

嫌っていたようでも生まれ育ったのは猟師の家である。そこから猟師の痕跡が消えることに抵抗を感じた武藤さんはすぐに狩猟免許を取り、桧木内の猟師になったのである。

武藤さんは林業従事者として近隣の山々を仕事場としている根っからの山人だ。不思議な経験はしたことがないし、霊的なモノもまったく信じないという。話を切り上げようかと考え始めた頃、一つだけ理解出来ないことはあると話してくれた。

それは二十五年ほど前のことである。当時働いていた林業関係の会社に四歳年下の後輩がいて、割と仲が良かった。ある朝、仕事の準備をしていると、その後輩が尋ねてきた。

「武藤さんは夢のお告げとか正夢なんて信じますか？」

「正夢ってか？　そんなもんは信じねえよ。超能力も幽霊も俺は全然信じねから」

「そうですか……」

現場へ向かい車から機材を降ろしていると、ふたたび後輩が尋ねる。

「夢のお告げはあるもんですかねえ？　正夢って無いんですかねえ？」

「だからそんなもんは嘘だって、ねえよ！」

「そうですか……」

同じような問答が昼休み、そして帰りの車の中でも繰り返された。これには武藤さんも奇異に感じ、逆に彼に尋ねたのである。

「お前何があったんだ？　夢がどうしたんだよ」

しばらく考え込むと後輩は一気に話し始める。それは非常に不思議な夢の話だった。

＊

林道を歩いている。ここはどこの山だろう、ああ、これは○山の林道だな。普通なら車で走るはずの林道を、なぜだかゆっくりと歩いている。カツラの巨木が斜面から見下ろすカーブを曲がり、沢沿いに進んでいくと手前に大きな岩がある。そこからぐっと右へ逸《そ》れて小さなコンクリート橋を渡ると、その先に待避スペースがあった。この先は去年の大雨で崩れたままである。車もほとんど入ってこない場所だった。

〝何だろう？　釣りか、いやここは禁漁区だしな……〟

待避スペースに見えたのは一台の車。見た瞬間に何か違和感を覚える。気持ちがざわつくのを抑えきれない。

……っとここで目が覚めた。

〝何だか不思議な夢だなあ〟

これほどはっきりとした夢を見るのは初めてだった。テレビの映像、いや実際に肉眼で見たかのような鮮やかさが記憶に残る。妙な夢を見たものだ。そう思いながら彼は職場へと向かった。

次の日もまた同じ夢だった。そして次の日も、そのまた次の日も、毎日同じ夢を見るのだ。小さなコンクリート橋を渡ると待避所に止めてある車、近づくと窓にはガムテープが貼られている。違和感の原因はこれなのだ。中を覗き込むと倒したシートには男女二人が横たわっている。顔色はすでに生きた人間のそれとは違う。明らかに死んでいる。おそらく心中だろう。冷静に観察をしている自分自身が不思議でもある。どうしようか……そう思案しているところで目が覚めた。

この夢の話は誰にも出来なかった。リアルすぎて少し怖かったからだ。よく知った林道、止まった車の色やナンバーまで鮮明に覚えている。そして横たわる二人の顔まで。彼は十日間ほど夢の話を黙っていたが、ついに耐えきれずに先輩の武藤さんに相談をしたのである。

＊

〝ガタガタガタガタ〟

相談を受けた次の休日、武藤さんは後輩が運転する車に乗っていた。行き先は後輩が何度も何度も夢に見た場所である。彼の話はまったく信じられないが、誘いを断り切れなくて一緒に確認に出向くことになってしまったのである。

「そんな夢みたいなことはねえと思うども よ。行ってお前が納得したらええじゃねえの」

「うんだすな……何も無ければそれが一番だすな」

〝ガタガタガタガタ〟

カツラの巨木が見えてきた。コンクリート橋を渡ると待避スペースが見えてきた。その瞬間、武藤さんの背筋に悪寒が走った。

「おい、俺は……俺はここで待つから、おめさ一人で行ってけれ」

手前で車を止めると後輩は何の躊躇《ちゅうちょ》もなく林道を早足で歩いていった。

「それからは警察を呼んで大変な騒ぎになったんだ。いやあ、あれは本当に不思議だったよ。車の色もナンバーも全部夢の通りだったんだから。中で死んでた人方は東京の人だったなあ、確か。もちろん後輩とは縁もゆかりも無かったよ」

神様の孫

秋田県の森吉山《もりよし》北麓に杣《そま》温泉という一軒宿がある。ここは秘湯として知られ、登山客も多く訪れる場所だ。温泉宿の主人であり、また地元のベテラン猟師でもある杣正則さんに話を聞いた。

「私の親父が亡くなった時に人魂は見ましたね。祭壇は大広間に作ってたんですよ。その時私は何か凄く体の調子が悪くてね、こう首から背中にかけて鉛でも入ったみたいに重くて苦しかったんですよ」

一週間ほど謎の体調不良が続いた頃、話を聞きつけた住職がやって来た。そして早くこの祭壇を片づけろと忠告してくれたのである。

「和尚さんがお経を上げてくれて、それを聞いているうちにどんどん体が軽くなっていくんですよ。あれ？ 不思議だなあと思いながらふと窓の外を見たら……」

目に入ったのはバスケットボールくらいの大きさの人魂だった。それを見た瞬間に杣さんは分かった、あれは親父だと。

「そこには他にも人がいたんですけど、人魂に気がついたのは私だけ。その人魂はね、山のほうへふわふわ〜って飛んでいったんですよ。ああ、親父は私を守ってくれているんだなあって確信しました」

＊

杣さんには少し不思議な感覚がそなわっている。山を見ると、どの辺りに熊がいるのかが分かると言うのだ。これは山の状況や熊の痕跡を調べて判断する猟師の技術とはまったく別物なのである。山の中の見えない所にいる熊をピンポイントで探す能力なのだ。実際に今までに何頭もの熊をそれで見つけ出しているが、その理由は定かではない。

「熊だけじゃないんですよ、実は。岩の下にどれくらいのイワナが何匹隠れているのかも分かるんです。こういう力は私のお婆ちゃんから受け継いだんでしょうねえ。私のお婆ちゃんは神様やってたから」

「神様ですか？」

杣さんのお婆ちゃんはいわゆる地域の神様、拝み屋さんで、さまざまな相談ごとに応じてアドバイスをする霊能力者の類いだった。その力が孫である杣さんにも若干受け継がれているらしい。

「昔ね、尼さんが宿に泊まったことがあるんです。その尼さんは神仏を大切にしないと駄目ですよって言うんですね。神仏を大切にすると、あなたたちには何のご加護も無いけど孫たちは守られるからって」

＊

祖母から受け継いだ能力を持つ杣さんでも悩まされる存在はある。それは狐。

「いやあ、この前ね、素人の人たちにウサギ狩りの真似をさせたんですよ。一列になって楽な斜面を真っすぐに登らせる体験なんですがね、一人がいつまで経っても登ってこないんですよ」

ウサギ狩りは、山の斜面を下から勢子《せこ》がウサギを追い上げて、それを上で待ち構えるブッパ(射手)が仕留める猟である。その体験をさせるイベントに参加した一人だけが斜面を上がってこない。変だなと思って杣さんが見に行くと……。

「その人ね、同じ所をぐるぐるぐるぐる回ってるんですよ。何やってんだあって周りを見たら狐の足跡だらけ。ああ、やられたなあって思いましたね」

杣さん自身も山の中で迷ったことがある。そこは行き慣れた場所であり、決して迷うような複雑な地形ではない。しかし歩いているうちに妙な感覚にとらわれ始めた。

「あれ？　何か変だなって思ったんですよ。自分の前に足跡があるんですね。さっきまで無かった足跡が突然現れたんです。これは変だと思って立ち止まって周りをよく見たんです」

気持ちを落ち着けて確認すると、それは先ほど自分が通った所ではないか。目の前の足跡は自分の物に違いなかった。

「完全にリングワンデリングなんですよ。そんな馬鹿な、こんな所でなぜだって思いましたね」

*

腑に落ちない杣さんが周囲を調べると、やはり多くの狐の足跡を発見したのである。

「やられたな、こりゃ大変だ。さてどうすべ？」

杣さんは左へ左へとなぜか進んでいるようだった。そこで極端なくらいに右へ曲がりながら登り始めたのである。しばらくすると目的地に近い場所へ辿《たど》り着いたが、それでも若干左寄りの地点だった。神様の孫と狐の攻防戦はいい勝負のようである。

マタギの里で

秋田県の阿仁はマタギの里として有名である。ここには根子《ねっこ》、比立内《ひたちない》、打当《うっとう》という三カ所のマタギ集落がある。現役最古参のマタギで長老的存在でもある松橋吉太郎さんに話を聞いた。吉太郎さんは十二歳から狩猟に関わり、十六歳で本格的な山仕事を始め、多くの男たちを豪腕でまとめてきた人物である。

「おら耳は少し遠くなったども目と足は達者だ。今でも人の倍は歩くよ。はあ、今の若い奴らは撃つのはいいけど作戦のとり方が駄目だべしゃ」

体には人一倍気を遣い、足腰に良いというサプリメントを吉太郎さんは欠かさない。自身、山での不思議な経験はまったく無いと言うが、仲間のマタギにはいろいろとあったそうだ。

「同じ集落（比立内）のマタギで若いのと年寄りがおってなあ、いつも一緒に山へ入っておったのよ。猟だけじゃなくて山菜採りやキノコ採りもなあ」

歳は離れているが、ウマが合ったのか二人は行動を共にしていた。ところがふとしたことで若い人が寝込んでしまい、そのまま帰らぬ人となったのである。

「あれは可哀想なことだ。順番から行けばおらのほうなのにな」

年長のマタギは相棒の死を悲しんだ。そして翌年、山菜の季節がやって来るとその寂しさはひとしおである。いつもなら二人で向かう山も、一人では味気ない思いが嫌でも込み上げてくる。

「その人は次の年に一人で山さ行ってな、いつもの場所で山菜を採り始めたんだと。しばらく採ってるとな、後ろのほうで何かガサガサ音が聞こえてきてよ」

何だろうと振り向くと、昨年亡くなったはずの相棒が自分と同じように山菜を採っていた。ああ、今年も一緒に山へ入ってくれたと少し嬉しくなったそうである。

*

「そういえばおらの婆さんは山でひでぇ目に遭ったってなあ」

それは吉太郎さんのお婆さんがまだ若い頃の話である。ある日、山の畑で作業をしている夫の所へ昼飯と酒を持っていった。夫は午前中の仕事を終えて汗を拭いて一休みしていたが、来るはずの妻の姿は一向に見えない。今なら携帯電話の出番だが、当時は連絡の手だてがないのである。待ちくたびれた夫は妻を探しに山を降り始めた。

「すぐに婆さんは見つかったども、それがあまりに凄い格好でな」

髪をざんばらに振り乱した婆さんの姿に爺さんはびっくりしたそうだ。彼女が爺さんに飲ませようとした酒やご馳走の天ぷらは跡形もなく消えていた。

「あれは狐にやられたんだと爺さんは言ってたな」

＊

山で大蛇を見たことがあるか吉太郎さんに尋ねると、

「大蛇か？　おらはねえなあ。でもよ、近所の人は見てるんだ、山の中で。何でも六メートルくらいで、腹がこう膨らんでいたって。ありゃあウサギでも呑んだに違ぇねえなあ。でもな、その人それからすぐに右目が見えなくなってよ、何でか分からねけんど」

見てはならないものを見たからなのか？　それとも単なる偶然なのだろうか。

＊

吉太郎さんは前述の婆さんにこう言われたことがある。

〝二十五歳までに何も見なければもう見ることはない。二十五歳までに見ていればその人は何度でも見る〟

何を見るのかといえば、もちろん幽霊のことである。これは案外正しいのかも知れない。ということは、私が幽霊に出会う可能性はもう無い訳で、安心して山へ入れそうだ。

狸もたまには騙す

阿仁前田の駅には全国的にも珍しい温泉施設が併設されている。滅多に来ない秋田内陸縦貫鉄道をのんびり待ちながら湯船に浸かるのだ。この駅のすぐそばに西根鍛冶《かじ》屋がある。主人の登さんはマタギ独特の刃物であるナガサ作りの名手として名高い。

「あんまり怖い思いをしたことはねども、狸さ騙されたことはあるな」

「狸ですか？　狐じゃなくて」

「いいやあ、狸だよ」

それは友達と二人で山菜採りに入った帰り道のことだ。リュックに一杯の山菜を背負い上機嫌で歩いていると、二股の分かれ道に差しかかった。ここを左へ降りると軽トラまではあとわずかである。

「あれ？　どっちさ行くんだ、左だべ」

前を行く友達が右へ曲がるのを見て登さんは声を掛けた。振り向いた友達は怪訝《けげん》そうな顔で答える。

「何言ってんだ、左さ行ってどこ行くんだよ？　右に決まってるべ！」

あまりに強い口調に、登さんは変だとは思いながらも従うことにしたが……。

「しばらく歩いたんだ。全然違うんだよな、やっぱり。そうしたら友達が急に振り向いて、〝こっちじゃねえべ〟って言うんだよ。あれは狸にやられたと思うな。よく行く山だから間違う訳がねえもんな」

昼食時に軽く一杯飲んだのは確かだが、その量はわずかなものだ。しかも辺りは明るいし、決して迷うような条件ではなかった。それでもベテランの山人は道を間違えたのである。このような例は以前にも聞いたことがある。すぐそばの慣れた山道で左右を間違える。街中で例えるならば駅から家までの帰路で左右を間違えて角を曲がるような事態なのだ。そんなことがある訳がないから何者かに騙されたと思うのである。

蛇に魅入られた男

昔は手に職を付ける最も手っ取り早い方法が、職人としてどこかへ弟子入りすることであった。西根鍛冶屋にも一時期弟子がいたが、そのうちの一人に奇妙なことが起きた。

「あれは俺がまだ小さい頃だなあ。近所で子供たちがわーわー騒いでたんだあ。何だべって見に行くと、蛇を棒で叩いたり石ぶつけたりしてるんだよ。それを見たうちの弟子が〝可哀想だからやめれ！〟って割って入ってな」

子供たちを静止して蛇を助け上げたが、蛇はすでに死んでいるようでまったく動かなかった。彼は呆然と佇むと、少し離れた河原に蛇の亡骸《なきがら》を埋め、静かに手を合わせたのである。

「気持ちの優しい人であったからなあ。それから毎日、そこさ行って手を合わせてたんだ。俺も気になって見に行ったんだけど、いつの間にか、小さな祠《ほこら》が祀《まつ》ってあるんだよ」

　蛇を埋めた場所には祠が建っている。建てたのは弟子に違いなかった。

「優しい人であったからなあ……それからしばらくして親父が妙なことに気がついたんだ。その弟子がよ、毎晩どこかにこっそりと出掛けてるらしいんだよ」

　近所に夜遊びをするような場所はない。それなのに弟子は毎晩毎晩、雨の日も風の日も夜中に出ていくのである。

「いったいどこへ行くんだべと思ったけど、昼間はきちんと仕事をしている訳だしなあ。いい大人のことだからあんまり言わないようにしてたんだ」

　しかし、弟子の通う場所が判明すると黙ってはいられなかった。それはあの蛇を埋めた祠だったのである。

「いやあ、親父もこれはまずいと思ったんでねか。蛇に完全に取り憑《つ》かれた感じだもんなあ。それからやめさせようと説得してな、坊さんも呼んだんでねかなあ。でも随分長いこと通い続けたんだよ。その人か？　ああ、今でもちゃんと地元で鍛冶屋の仕事してるな」

　彼は蛇を埋めたその日から毎晩夢を見たそうだ。それで気になって仕方がなかったのだろう。丁寧に葬ってくれたことに蛇がお礼を言いたかったのかも知れない。

秋山郷の謎の火

長野県と新潟県の境に秋山郷がある。秋山郷には古くからの狩猟文化が残り、今でも猟師たちが獲物を追って山々を駆け巡っているのだ。秋山郷小赤沢地区で民宿えーのかみを営む福原照一さんの話。

「夏休みにね、学校の生徒たちを苗場山に連れていったんですよ。私が山小屋で先生と話をしてたら、入口のほうに火の玉が見えたんです」

残照に映える空も徐々に暗くなり始めていた。薄闇が迫るガラス戸の向こう側に揺れ動くのは不思議な白い光の塊だった。

「大きさはバスケットボールより少し大きかったかなあ。それがフワフワ飛んで入口から入ろうとしているみたいでしたねえ」

引率の教師と二人でその物体を観察したが、決して人工の光や電球の反射などとは思えない。初めて見る〝何か〟だった。その光はまるで小屋に入りたいかのようにしばらく飛び回ると、どこかへ行ってしまった。

「あれはいったい何だと二人で話をしてたんですよ。そうしたら、しばらくして別の場所にいた先生が血相変えて飛び込んできてね、子供たちが化け物が出たって泣いてるって」

福原さんは先ほどの〝何か〟が子供たちの所へ行ったのだと確信した。あれはやはり見間違いではなく、山にいる〝何か〟なのだと……。

＊

福原さんの親戚にあたる屋敷集落の山田由信さんは、山であまり怖いと思ったことは無いと言う。

「一度だけかなあ、夜、山の中で背中がぞわぞわして、凄くどうしようもない感じになってなあ。先輩の猟師にその話をしたら、〝それは魔物に見られているんだ〟って言われたよ」

屋敷集落から少し離れた所に上野原集落がある。ある夜中のこと、その上野原方面が妙に明るいことに一人の住民が気がついた。

「おい、上野原が明るいぞ。火事じゃねえのかい、あれは？」

それを聞きつけて数人の住民が家の外へ出てみると、屋敷集落は騒然となった。上野原の集落が燃えているのは間違いがない。それもかなりの火勢で、慌てふためく村人の姿までが遠目にもはっきりと見える。

「おいこれは大変じゃ。あれじゃ上野原は全滅じゃねえのか」

真っ赤に燃え上がる上野原集落を眺めることしか出来ない屋敷の人たちは、思わず手を合わせたのである。

空が白々とし始めると屋敷の人たちは上野原目指して山道を登っていったが、全員我が目を疑った。そこには普段通りの上野原があったのである。焼けた家も無ければ焦げた草一本も無かった。血相変えて上がってきた屋敷の住人を、上野原の人たちは不思議そうに見ていたのである。

森の大笑い

昔は夜の森でムササビを撃つバンドリ（秋山郷ではバッドリとも言う）で猟師たちはさまざまな怪異を体験した。山田さんは月夜立《つきよたつ》という場所にバンドリに行き、不気味な声を聞いている。

「月夜立はね、植木の材料を採りに行った人が二人落ちて死んでる場所でねえ。そこでバンドリしてたら、〝お〜い、お〜い〟って声が聞こえるんですよ。それが凄く弱々しくて、とても寂しく感じましたねえ」

＊

ある猟師は滝沢のサムシ沢にバンドリに出掛けた。そこで狙いを付けたムササビに引き金を引いたが落ちてこない。あれ？　外したかとさらに発砲する。間違いなくムササビの影、そして光る目に狙いを定めて何発も発砲したが、やはり落ちてこない。

その影はじっと目を光らせているだけである。猟師が恐ろしくなって家に帰ると、家人が今し方急死したと告げられた。

これは山田さんより十歳ほど年上の知人の話である。

＊

山田さんのおじさんが仲間と二人でバンドリに行き、真っ青になって帰ってきたことがあった。二人は銃を持ったままガタガタ震えながらこう言うのである。

「猟場に着いたら物凄い笑い声が聞こえてきたんだ。駄目だ、とてもじゃねえけどやってられない」

それを聞いた別の猟仲間は吹き出した。

「何を言ってるんだあ？　おめら酒でも飲んだのか。そんな馬鹿なことがあるかよ！　よし、おらが行ってくる」

そう言うと銃を持ち一人で猟場へと向かったのである。しばらくすると案の定、その男は顔面蒼白で逃げ帰ってきた。

「ありゃあ天狗だ！　あんな大きな笑い声は今まで聞いたことがない。天狗にちげえねえ」

〝わーはっはっはっはっは‼〟

暗い森に響き渡る大きな笑い声に屈強な猟師たちも肝を潰したのである。これと同様にバンドリ最中に〝ド〜ン、ド〜ン〟という物凄い地響きを聞いた猟師も複数いた。ただこれが天狗の足音だとは誰も言わない。

＊

山田さんは中学生の頃、お父さんを雪崩《なだれ》で亡くしている。まだ四十七歳の若さだった。

「親父は炭焼きをやってたんだ。あれは秋に入ってすぐだったなあ。親父が炭焼き小屋に行ってから急に雪が降り出して、あっという間に二メートル以上積もったんだ。それで雪崩が起こって巻き込まれてねえ。その後すぐに雪はやんで完全に溶けて消えたんだ。まるで親父を殺すためだけに降った感じだったなあ」

十一月半ばの突然の寒波は山田家の大黒柱を奪い去り、家族は大変に苦労をしたのである。

＊

屋敷集落に住む御年百五歳の老人は、若い頃家に帰れなくなったことがある。それはある年の暮れ、正月用品を買いに町へ降りた時だ。久しぶりの買い物は楽しく少し買いすぎた気もしたが、何せ正月の準備である。そのくらいの散財はしょうがなかろうと自分に言い聞かせながら山道を歩いていた。

〝サク、サク、サク〟

新雪は膝下で楽に歩ける。日は陰っているが山は明るかった。あと少しで屋敷に着くなと思い始めた頃、なぜか軽い胸騒ぎを感じた。それを打ち消すかのように彼は唄を歌いながら山道を進む。しかし小一時間が過ぎた頃、とうとう自分のいる場所が分からなくなってしまったのである。

「どこで間違えた？　いや一本道やで、そんなことはないが……」

行きつ戻りつしながら彼は必死で山を歩き回る。すっかり暗くなった山は雪明かりだけが頼りだった。不安な気持ちが少しずつ強くなってくる。ふと気がついて足元に目をやると、そこには真新しい足跡があった。

「これは……まさかわしが歩いたのか？」

自分が何度も同じ所を歩いているのは確実だった。どうしようもなく疲れ切った彼は、萱《かや》の束を見つけるとその中に潜り込んで寝たのである。

翌朝目を覚ますと自分の居場所が判明した。それはもう集落の中だったのである。彼が寝ていたのは屋根の葺《ふ》き替え用に集められた大量の萱だった。その周りにはいくつも足跡が残っている。彼は何時間もその萱の周りを歩いていたのだ。正月用にと買ったはずの魚類は、もちろん何も残ってはいなかった。

青い服の女

東京には二千メートルを超える山がある。青梅市から西へ進むと徐々に森が深くなり、本格的な山歩きを楽しめる地域が広がっているのだ。そのような東京の山岳地帯、奥多摩で聞いた話。

東京の山で生まれ育った伊藤覚さんは、現在林業関係の会社を経営している。山は子供の頃からの遊び場で、毎日走り回っていたそうだ。

「私にはあんまり無いですねえ、変な話は……作業員の人からはいろいろと聞いたことはありますよ」

自身には不思議な体験は無いと言うが、胸騒ぎが抑えられなかった出来事はあった。それはある現場で昼食時のことである。

「昼ご飯を食べて休んでいたんですよ。そうしたら、〝お〜い、お〜い〟って誰かが呼ぶ声が聞こえるんです。もうそれを聞いた時に凄く嫌な感じがしましたね、胸騒ぎっていうか、とにかく嫌な感じでしたよ」

実は伊藤さんにはその声に聞き覚えがあったのだ。長年の付き合いで山をよく知った知人の声である。山のガイド役としても世話になっているその人は数日前に亡くなっていた。その人の声に間違いないのだ。

「他の作業員には上手く誤魔化して、その話をしませんでしたね。現場でそんな話したら、やっぱり気持ちが悪いじゃないですか」

同質に思える山の中でも、各現場の空気感はかなり違う。何が原因かは分からないが、誰もが落ち着かない気分になってしまう悩ましい現場もたまにあるようだ。

＊

ある森に三人の作業員が下草を刈ったり枝打ちをしたりと数日通っていた時のことである。作業中にどこからか鈴の音が聞こえてくるのに一人が気がついた。刈払い機のエンジンを止めて耳を澄ますと、

〝チリン、チリン〟

聞こえるのは間違いなく熊鈴の音である。

「あれ？　誰かが入ってきたのかな？」

不思議に思うのは無理がなかった。その現場はかなり奥山で、自分たち作業員も車を止めた場所から随分と歩いたのである。現地まで道は無く、鬱蒼《うっそう》とした森の中を登らねばならない。そんな所にいったい誰が入ってくるのだろうか？　作業員はじっと音のほうに目を凝らした。

〝チリン、チリン〟

確かに熊鈴の音ははっきりと聞こえるが、人の姿はいくら探しても見えなかった。

「人の姿が隠れるような藪なんて無いんですよ。それなのに何も見えない、すぐそこで音がするのに。何かね、嫌な感じはする所でしたよ、その現場は」

この時、近辺では三人の作業員が働いていたが、そのうちの二人ははっきりと熊鈴の音を聞いていた。しかしそれだけでこの現場の異変は収まらなかったのである。

「段々とね、姿が見えるようになってきたんですよ」

それは熊鈴事件から数日後の出来事だ。

「枝打ち作業をしている時です。現場にね、青い服を着た女の人が歩いてきたんです。それを見つけて、危ないから声を掛けて止めたんですよ。上から枝が落ちてきますからね」

切られて高所から落ちてくる枝が頭に当たれば大変だ。そこで気がついた作業員が青い服の女性の足を止めたのである。しかし……。

「後で他の奴に〝お前何してたんだ〟って言われました」

木に登って枝打ち作業をしていた同僚は、下で声がするのに気がつき手を休めたそうだ。顔を向けると件《くだん》の作業員が何やら話をしている、それも身振り手振りで一生懸命に。

「木の上の人には見えなかったらしいんですよ、青い服の女性が。だから私が一人で話をしていると思ったんですね。あいつおかしくなったんじゃないかってね。それ以外にも白っぽい感じのお爺さんが歩いていたりするのも見ましたね。とにかく何とも嫌な感じのする現場でしたよ」

＊

山で白い服を着た人は時々見かけるものらしい。登山道に近い現場で作業をしていると白装束のお爺さんが歩いてくる。少し足元がおぼつかない。危ないなと思いながら見ていると、その姿が忽然と消える。それが何者かは分からない。

「夕方近くに山に入ってくる人は注意して見ますよ。気になりますよね、かなり」

何が気になるのか、それは自殺である。実際に自殺者は昔から少なくない場所なのだ。大抵は夕方近くに入るらしい。そこが夜明けとともに動き出す登山者とは違うのである。

「午後三時過ぎにね、山に入っていくお爺さんを見たことがあるんですよ。格好はとても山歩き様じゃないんです。白い服に白い靴を履いてね。ああいうの見ると心配になりますよね」

白い服に白い靴、それは覚悟の姿か、それとも怪しいモノなのか……。

山の中で聞こえる音は

佐野千草さんと金子和史さんは伊藤さんの会社で働く若手の有望株だ。彼らも話を聞いたことはあるが、自身に妙な体験は無いと言う。

「あんまり不思議なことは無いですねえ。音ですか？　音ねえ、そういえばある現場でずっとカンカン音がしていたことはありますよ。何だか最初はよく分からなかったんですが、ガードレールなんです」

「ガードレール？　ですか」

「そうなんです、誰かがガードレールをカンカン叩いているんですよ」

もちろんその何者かがガードレールを叩いている姿を確認した訳ではない。これは東北地方でよく聞く狸の悪戯《いたずら》と、おそらく同一の現象ではないだろうか。東北でも森林作業員が聞く場合が圧倒的に多いが、その姿を見た人は誰もいない。しかし昔から妙な音は狸の仕業であると語り継がれているので、誰もが〝ああ、あれは狸だな〟と納得している。東京の山には狸のせいだと思う人はいないようだ。

「作業中に地響きがする時もありますよ、ドンドンって。最初は何か分からないから不気味でしたよ。でもその原因を調べた人がいたんです。富士山の演習場の音らしいですね」

「富士山？　自衛隊の火力演習ですか？」

「そうです。それが雲に反射して、ちょうどこの辺りで聞こえるらしいですよ」

空を覆った雲に自衛隊の火砲の轟音が跳ね返り聞こえるのだと言う。東富士演習場からは直線距離で六十キロ以上離れている。確かに火砲の音は近くで聞けば凄まじいが、果たしてこの距離を超えて聞こえるものなのか。これも東北地方ならば〝あれは狸だ〟で片づく話なのかも知れない。

＊

「迷いそうにない所で道に迷ったことはありますよ。あれは今考えても不思議ですね」

それは遊歩道を作業員三人で現場へ向かっていた時のことである。遊歩道は谷間を大きくぐるりと回り込んでいる。それをショートカットして進もうとした。

「杉林の中に入って真っすぐに進んだんですよ。別に複雑な地形じゃないし、それほどの距離でもありません。でも迷ったんです」

あれ、変だな、ここはどこだと三人が辺りを確認するが分からない。しばらく右往左往するうちにやっと戻ることが出来た。

「ショートカットして出るはずだった遊歩道に気がつかないで、そのまま突っ切って登ったんですよ。そんなに狭い道でもないのに、誰も横切ったことに気がつかなかったんです。あれは不思議ですよ、なぜ分からなかったんだろう」

道迷いはかならずしもそれらしい場所で起こるとは限らない。天気が良くても複数でいても疲れていなくても、迷う時は迷うのだ。そして誰もが不思議に感じる。なぜあんな所で迷ったのかと。このような場合、東北ではほとんど狐のせいですべて片づくのであるが、どうやら奥多摩には悪さをする狐や狸がいないらしい。

御嶽神社

武蔵御嶽《みたけ》神社は標高九二九メートルの御岳山山頂に鎮座している。修験の場であり、また奥秩父の三峯《みつみね》神社と同じく山犬（ニホンオオカミ）が眷属《けんぞく》として有名だ。そのせいで最近は犬連れの参拝客が増えている。その御嶽神社の宮司である須崎裕さんに話を聞いた。

「不思議なことですか？　それはこういう場所ですからいろいろな話は聞きましたね。蛇の話もたくさんありますねえ。近くの人がうっかり巨大な蛇を跨《また》いだら高熱を出して寝込んだとかね。その程度ですかね。ここは神様の山だから、あんまり悪いモノはいません。下界から救いを求めて大勢の人が来る場所なんですよ」

下界から昭和初期に開業したケーブルカーに乗って御岳山駅に降り立つ。そこから二十分程度歩くと神社に着くが、その間には宿坊や飲食店が四十軒程度営業している。基本的に神社の関係者が関わっている場合が多い。つまりこの山の住民は御嶽神社の関係者しかいないと言っていい。最近、住民専用の道（軽自動車用）が出来て、夜でも下界との行き来が可能になったが、それまではケーブルカーの運行時間が過ぎれば完全に閉ざされた空間になった。

「ケーブルカーの駅からここまで来る間に分校があったんですよ。私の頃は四年生まででしたが、姉の時代は六年間分校通いでしたね。運動会は下の本校に行くんですが、向こうは人数が多いからやっぱり気後れしたもんです」

その分校のことを今でも寺子屋と呼ぶ住民もいる。もともと文字通りのお寺で、その跡地に分校を建てたそうだ。

「分校の裏はそのまま墓地でしたね。よくそこへ行きましたよ、肝試しで。一人で行って卒塔婆《そとば》を持ってくるんです」

子供たちには代々受け継がれた遊びだったが、仏がいつも寛大とは限らない。ある日、肝試しで持ち帰った卒塔婆を教室に残して全員が下校したことがあった。次の日に生徒が教室内で授業が始まるのを待っていると、どこからともなく人魂が現れたのだ。ふわふわと教室を飛び回る人魂に、生徒は大声を出して一斉に机や椅子をがたつかせ、足踏みをして大騒ぎを始める。パニック状態の成せる業である。するとあまりの騒々しさに辟易したのか、人魂は窓の隙間から出ていったそうだ。

「この辺りはずっと土葬なんですが、狭いから埋める場所に限りがあるんですよ。ここは良いかななんて掘っていくと髪の毛とか歯が出てくるんですね。まあ親族としては火葬のほうがすぐ焼けてしまうから諦めもつくんですよ。土葬だとしばらくはそこに体が残っているんですから。雨が降ったら、濡れてるんじゃないかとかいろいろ考えるんですね。だから火葬のほうが良いですよね」

いや、火葬も結構怖い思いはするのだが……。

＊

御嶽神社は、先に述べたようにニホンオオカミが眷属である。山の獣の頂点に位置するニホンオオカミの力を借りようと、昔から多くの人がここにやって来た。

「私が子供の頃から狐憑きの人はよく来ましたよ。どこの宿坊に泊まっているか、みんな知ってました。我が家にも狐憑きの人が泊まることがありましたね。その人はもう少し手を曲げてね、物陰に隠れてるんですよ。憑きもの落としは大体夜中の十二時くらいから始めるんですね。弓を引く〝蟇目《ひきめ》〟から始めましてね、暗闇に蠟燭《ろうそく》の明かりだけで行うんです。上手く追い出すと、昔はニホンオオカミの骨を削って飲ませたそうです。今でも削った跡が残る頭骨がありますね」

御嶽神社までは鬱蒼とした杉林の中をうねるように参道が下界から続いている。この道にはいわゆる〝出る〟場所があるそうだ。そこは大きく参道が曲がる地点で、白い着物を着た女の人がよく立っているらしい。見た感じではかなり昔の方らしく、ここは歴史ある場所なんだなあと改めて思うそうだ。

＊

神社に近い参道で古くから宿坊を営む人の話。

「不思議なモノ？　ああ、一回だけ見たことがありますよ。十五年前の冬でしたね、時間は午後七時ぐらい。近所に用事があって、知り合いのお婆ちゃんと一緒に歩いていたんです」

真冬のことで辺りはすっかり闇に包まれていた。狭い道を歩いていると何かが飛んでいる。大きさはバレーボール程度で、色は青緑色に光っている。その物体が十メートルくらい上をゆっくりと飛び回っていたのだ。

「ええっ！　あれは何って思って、お婆ちゃんにも声を掛けたんですよ。ほらあそこあそこって。でもお婆ちゃんの動きがのろくて目がついていかないんですよ。二人で見たいじゃないですか、せっかくだから」

お婆ちゃんに何とか見せようとしたが、彼女はその光より早く首を回せない。結局お婆ちゃんが追いつかないうちに謎の光は消えてしまった。

「私にはそのくらいしかありませんねえ、不思議な話は。うちのお父さん（夫）は子供の頃凄く怖かったことがあったって言ってましたよ」

それは今は亡きご主人が子供の時分、弟と二人で家の風呂に入っている時の出来事だ。いつものように遊びながら風呂に入っていると、ガタンと音がした。

「何だ？　今の音は」

「何、何も聞こえなかったよ」

兄弟二人で湯気に霞む風呂場を見渡す。するとまたガタンと音がした。どうやら何かが風呂場の窓に当たったようである。

「ムササビでも当たったんじゃない？」

「お兄ちゃん見てよ」

弟に言われるまでもなく、気になった兄が湯船から立ち上がり窓に顔を近づけた。

「うわあああああっ!!」

物凄い声に弟も湯船から飛び上がった。窓の外に見えたのは男の顔である。風呂場の裸電球の光を受けた男の虚ろな表情は極めて恐ろしかった。

固まったまま動けない兄弟に、さらに恐ろしい出来事が迫った。男が窓を開けて入ってこようとしているのである。何事かを呟きながら窓に手を掛ける不気味な男の姿に恐慌に陥った兄弟は、裸で風呂場を逃げ出したのである。

「物凄く怖かったみたいね。でも家の人が調べても周りには誰もいないし、窓も開いてなかったのよ。それから次の日に連絡が来て、親戚の人がちょうどその時間に亡くなったって」

最後の挨拶に来た縁者が、楽しそうに風呂に入る兄弟と一緒に入浴したかったのか。ただ、兄弟にとっては非常に恐ろしい思い出となってしまった。

「やっぱり人は死ぬ時に知らせに来るものなのかね。死んだら大概出てくるらしいものね。隣の爺ちゃんが死んだ時は四、五日くらいずっと家のあちこちで音がしたんだって。ああ、帰ってきたんだなって分かるっていうの。でもうちのお父さん(夫)は来ないねえ」

お父さんが亡くなって半年経つが、未だに何の音沙汰も無いのが少し残念らしい。その話を隣の婆ちゃんにすると、〝まだ来てないの?〟と驚かれたそうである。

大菩薩女

山梨県の小菅《こすげ》村は多摩川の源流域である。山梨県ではあるが、何をするにも隣接する東京側へ向かうほうが便利な土地だ。その小菅村で猟や炭焼きに長年従事してきた奥秋忠俊さんの話。

「この辺りでも狐憑きいうんかな、おかしくなった人はおってね。三峯山から法者さんを呼んできて祈禱《きとう》してもろうたりしたね。昔は村にも法者さんは六人くれえいたんじゃないかなあ。水流れで分からんようになった人がおった時も法者さんに聞いたんじゃ」

川で流されて行方不明になった若者がいた。いくら探しても見つからず、村人が法者に頼み込んだところ……。

「樽をな、川に投げ入れろ言うんじゃな。それが流されて止まった所に沈んどると。まあ自然に行き着くいう話なんじゃろけど」

言われるままに樽を川に投げ込んだが、結局若者は見つからなかった。法者さんにも得手不得手はあるようだ。中には医者に見放されて余命わずかという人を祈禱で全快させた法力の持ち主もいる。

＊

「神隠しいうのは聞いたことはねえけんど、集落の子供がおらんようになって大騒ぎになったことはある」

それは今から五十年以上前、集落の学校で催し物があった。当時は子供の数も多く、集落中の人が集まり大変な賑わいである。夕方近くにそろそろお開きという段になるが、一人のお婆ちゃんが血相変えてグランドを走り回っていた。一緒にいたはずの孫娘の姿が見えないのである。髪振り乱して孫の名を叫び続ける婆ちゃん。すぐに大騒ぎとなり、村人総出で学校とその周りを探すが見つからない。

「そのうちな、山から帰ってきた人が、女の子が一人で山を歩いていたのを見た言うてな」

どうやら女の子は山へ入っていったらしい。これは大事《おおごと》である。近隣の消防団も加わり大がかりな山狩りが始まった。

「結局見つかったけんど、それがまたとんでもねえ場所でよ。大菩薩峠のほうなんだ」

村で貰った地図を広げて確認すると驚く。いなくなった集落から大菩薩峠までは十キロ以上はあるのだ。それも楽な山道ではない。

「途中にはワサビ田に行く道や作業道なんかがたくさんあって結構複雑なんだよ。沢のほうに行ったらてぇへんなことだったけど、真っすぐ山登ってたんだな」

すっかり暗くなった十キロ以上の山道を、たった五歳の女の子が一人で歩くとは驚きだ。見つかった時も怖がる様子はなく、もちろん泣きもしなかったそうで、家に帰るとニコニコしてはしゃいでいた。

「体が頑丈なんでしょうね」

「そうだな。天狗さんに連れていかれたとかみんなが言っとったよ。そいでしばらくはその子、〝大菩薩〟って呼ばれたからな」

あだ名が〝大菩薩〟になった子も、今では老境の域に達してますます元気である。

＊

話を聞いていると、パーマ屋さんから帰ってきた奥さんのハツ子さんも話に加わる。

「人魂？　火の玉っていうの？　あれは一回見たことがありますよ。昭和四十五年の二月だったですねえ。オレンジ色より少し赤い感じの火の玉がすーっと飛んできたんですよ」

初めて見る謎の物体にハツ子さんは大変に驚いた。しかしさらに驚くことがすぐに起きた。

「その火の玉が飛んできたほうにあった家が火事になったんですよ」

火事と人魂の因果関係は分からないが、沈没船からネズミが逃げ出すようなものなのだろうか。

集落内には不思議な石がある。それは奥秋家から少しばかり登った所に置かれ、夜泣きに効くらしい。大きさは握りこぶし程度の小さな物である。

「うちの子も孫も夜泣きが酷かったんです。それで石の所に行って線香あげて拝んだんですよ。その日から夜泣きはぴたっとやみました。あれは不思議ですねえ」

当然、夫婦して経験した話である。霊験あらたかな小石は特に祀ってある訳ではない。小さな台の上に野ざらしで置かれたままなのだ。それでも庶民の願いを聞き届けてくれる小さな石。その謂《いわ》れはよく分かっていない。

通じなかった祈り

青柳一男さんは小学六年生の頃から鉄砲をぶっ放していた根っからの猟師である。これは今ではあり得ないが、昔の山里では別段珍しいことではない。

「子供の頃は三峯山まで歩いてお参りに行きよったよ、わらじ履きでな。八時間以上かかったな。へとへとになって宿に入ると、そこのおばさんがな、夜中にオオカミ（大神）様が来るから朝起きたら廊下を見ろ言うんだよ。足跡が付いとるらしい」

「見ましたか足跡？」

「いやあ、朝になったら誰もそんなこと覚えとらんで、確かめとらんな」

＊

地域柄なのかオオカミに関する話は少なくない。青柳さんのおばさんはオオカミを助けたことがあるそうだ。

「おばさんが家で寝とるとな、何や知らんが下から〝ぎゅるるるる、ぎゅるるるる〟いう妙な音が聞こえてくるんやと」

床下から聞こえる不気味な音は、何か生き物の声のようでもあった。気になった彼女は勇を鼓《こ》して外へ出て確認をすると……。

「何かウサギの骨みたいなもんが、こう口元に刺さったオオカミが苦しんどったらしい。それでおばさんが、〝いいか、食いつくんじゃねえぞ、食いつくな〟言い聞かせながら外してやったんだ」

「オオカミを助けた！　何か恩返しはあったんですか？」

「いいや、なんもねえ」

もちろん正式にオオカミが絶滅したと言われた後のことである。野良犬の可能性もあるが、おばさんは間違いなくオオカミだと言うのだ。

*

青柳さんは長年山仕事に携わってきた。さまざまな現場で伐採を行ったが、時々切りたくない木はある。

「いやあ、神様の宿る木はすぐに分かるんだ。ああ、これは切っちゃなんねえなあって」

とはいえ仕事上切らざるを得ない場合もある。そのような時は塩と米、酒を供えて手を合わせ、神に無事を祈願するのだ。しかしそれが効かない相手もある。

「だいぶ前だなあ。松食い虫の防除で大きな赤松を切ることになってな、それが神様のいる木なんだよ。嫌だなあって思ったけど、仕方ないから手を合わせて祈ってな、切り始めたんだ」

場所も少し厄介だった。すぐ下にダンプが通る作業道があって、そっちに倒してはいけない。そこで慎重に作業を始めたが……。

「いや倒れ始めたら、それが急に俺のほうに向かってきたんだ。周りにいた作業員はすぐに逃げたけど、俺はその木と目が合って動けなくなってしまってな。気がついたら救急車に乗るところだったんだあ」

青柳さんはあばら骨を八本折り、ヘルメットも割れて頭にも深手を負った。二十日以上も病院のベッドから動けなかったのである。

「知り合いに言われたよ。ああいうのは天狗が休む木だから気をつけないと駄目なんだって」

蛇の鳴き声

日本各地の山で、大蛇とも言えるほどの巨大蛇の話を多く聞いた。高温多湿な日本の環境は蛇にとって好ましいのだろう。もちろんここ小菅村でも巨大な蛇は珍しい存在ではないらしい。

「七、八尺くれえの蛇はいるよ。家にもでけえ抜け殻があるからな。まあ一番驚いたのはな、ピーピー鳴く蛇だなあ」

それは青柳さんが山のワサビ田で作業をしていた時のことだ。朝からの仕事を一段落させ、少し早めの弁当を食べて一服していると……。

「ごろんと横になってよ、休んでたんだ。そうしたら横のほうでピーピー何かが鳴いてるんだ、良い声で。ああ、こりゃあミソサザイかなって、そっちに顔向けたんだよ」

鳴き声のほうへと顔を向けると髪の毛が総毛立つのが分かった。わずか三十センチほど先に見えたのは巨大な蛇の顔だったのである。

「いやそれがでけえのな。口から舌ぺろぺろ出してんだけんども、その舌がタバコくれえあるんだよ、太さが」

頭はソフトボールくらいもあるだろう。不気味に動く舌先は、何と三つに割れているではないか。そしてその大蛇こそが、あのピーピーという鳴き声の主だったのだ。

「いや凄く良い声で鳴くんだ、その蛇が。恐ろしかったよ。あれ、もう少しで首に巻き付かれて血を吸われたんじゃねえかなあ」

青柳さんは必死で飛び起きると、手にした棒で蛇に無茶苦茶に殴りかかった。その後辺りを探したが、それらしい蛇の死体は見つからなかったのである。

「知り合いによ、あの辺りには絶対に殺せない蛇がいるって聞いたばかりだったんだ。そんな馬鹿なことがあるかって思ってたからなあ、驚いたよ」

＊

青柳さんはその後も大蛇に遭遇している。

「車で林道を走ってたんだ。右側が山で左が沢でな、そこを走っとったらザーザー雨が降り出してな」

ザーザーという雨音を聞きながらふと前を見ると、おかしい。窓には雨粒一つかかっていないのだ。

「何の音かい思うて車をゆっくり走らせたんじゃ。それでよう見たら山の斜面をでけえ蛇がな、ザーザー音立てながら降りてきよる」

思わず車を止めて様子をうかがうと、その大蛇は前を横切り、下の沢へと降りていった。

*

小菅村には悪戯な狸もいる。青柳さんは炭焼きもやっていたが、同業者から面白い話を聞いた。

「知り合いの炭焼きがな、丹波山《たばやま》の峠で変な音を聞いたんだよ。何でもギーギーギー、ちょうど鋸《のこぎり》の目立てをするような音なんだと」

知り合いは不思議な音の元を辿り、辺りをくまなく探して、ついに正体を突き止めた。

「狸なんだよ。狸が歯をギーギー鳴らしてたんだとよ」

鋸の目立て音を真似するとは、やはり狸は山仕事が好きな生き物なのである。

駆け巡る笑い声

神奈川県に広がる丹沢山系には毎年大勢の登山客が訪れる。またバーベキューや川遊びが楽しめる関東屈指の観光地でもある。都心部からのアクセスが良いことが最大の理由だ。しかし簡単に入山出来る割には地形は複雑で危険地帯も多く、それが遭難事故の多さに直結している。そのような丹沢山系東端で猟をする人たちに話を聞いた。

＊

銃を所持する女性といえば、一昔前までクレー射撃をする人がほとんどだった。今は実猟で獲物を追う女性が全国的に増えている。厚木市街からほど近い東丹沢で鹿や猪を狙う羽石菜津美さんも、そんな逞《たくま》しい女猟師の一人である。

「今年で免許取って六年目なんですよ。といっても最初の頃は銃を持たずに見学でしたけどね」

いきなり初心者を銃持参で猟場へ入れる訳にはいかない。やはり猟のやり方や地形など、まず覚えなければならないことがあるからだ。

「その時は他に一人見学者（男性）がいたんです。それで水の尻沢って所から山に入り、尾根道を歩いてタツマの後ろについたんです」

先輩猟師の後方で二人の見学者は静かに猟の始まりを待つ。どこから現れるか分からない獲物の影を期待しながら、ただじっとしていた。斜面を吹き上がる心地良い風、遠くから聞こえる鳥の声、そして鬱蒼とした森の中は、そこにいるだけで気持ちの良い空間である。

「見学者二人で静かに待っていたんですよ。そうしたら谷の右下のほうから人の声が聞こえてきたんです」

丹沢山系はごく普通の登山者も多く入る地域である。同じ道を猟師と登山者が続いて歩く姿はそう珍しくない。そのような地域で猟をするのは非常に神経を使うのである。羽石さんは状況を把握しようと声がする方向に耳を澄ませた。

「結構賑やかな感じでしたね。複数の子供の声がするんですよ、〝きゃきゃきゃ〟っていう感じでしたね。それに女の人の声もするんです。騒がしい子供たちを制するみたいな声で」

これはタツマに注意をしたほうが良いのかなと考えていると、妙なことが起きた。今まで谷の右下から聞こえていたはずの声が、突然左上方向から聞こえてきたのだ。えっと思い、顔を声の方向に向けると、やはり先ほどと同じように〝きゃきゃきゃ〟と賑やかな子供の声、そして女の人の声がする。

「いきなり違う所から聞こえておかしいなと思いましたよ。しばらくしたら今度はまた別の方向から聞こえるんです。よく聞いていると私の周りをその声がぐるぐる移動しているようでした。さすがにこれは道を歩いているモノじゃないなと……」

道を歩いて登ってくる人ならば注意をする必要があるが、そうでなければどうしようもない。羽石さんは周囲を動き回る謎の声を聞き流すことにした。そのうちに猟が始まると声のことは気にならなくなった。しかし猟が終わった後で、もう一人の見学者やタツマに付いた猟師に確認すると、

「声？　いやそんなのは何も聞こえなかったなあ」

「鹿じゃないの、それ？」

あれほどはっきりと聞こえた不思議な笑い声も、彼らの耳にはまったく届いていなかったのである。

まとわりつく鈴の音

羽石さんは登山者としても丹沢山系をよく訪れるが、その場合は単独行が原則である。

「私は基本的に一人で登りたいんですよ。誰かいると話をしないといけないじゃないですか。それが嫌なんです。だからいつも一人で登りますね」

三年ほど前、羽石さんはいつものように一人で西丹沢の檜洞丸《ひのきぼらまる》を登っていた。連休前のことで山は人影もなく静かだった。

「ツツジ新道から岩場を登っていった辺りで霧が出てきたんです」

最初は薄く、そして徐々に厚みを増す霧、いつしか羽石さんは完全に乳白色の海に飲み込まれていた。周りはまったく見えないが、やたらに明るかった。

「明るすぎて逆に気持ち悪いなと思いました。足元に注意しながらゆっくり登っていると音が聞こえてきたんです」

それは鈴の音のようだった。

〝コロコロ、コロコロ〟

何だろうと思い立ち止まり、耳を澄ますと、

〝コロコロ、コロコロ〟

どこから聞こえるのかは定かではないが、間違いなく鈴の音が聞こえる。

「最初は登山者の人がザックに鈴でもぶら下げていて、それが聞こえてくるのかと思ったんです」

しかし聞こえるのは鈴の音だけである。鈴を下げているはずの登山者らしき足音は聞こえなかった。少し変だとは思ったが、元来そのようなことに動じない羽石さんはそのまま登り続けたのである。

「ずーっと〝コロコロ〟聞こえるんですよ。そのうちもう耳のすぐ横、いや耳の中で聞こえる感じになりましたね。それもちょうど登り切った辺りで霧が晴れてきたら聞こえなくなりましたが」

平気が一番強い。これでパニックになって走り出したりすれば滑落の危険性もある。動じないことは才能でもある。

＊

霧が晴れると一気に天候は回復して春の山々が顔を見せる。しかし不思議なことは続く。

「昼過ぎに犬越路《いぬごえじ》に入って、そこから尾根道を歩いていたんです。朝から結構歩いていたんで、かなり疲れて休みたいと思ったんですが……」

狭い尾根道は両サイドが崖で藪に覆われている。休憩を取るようなスペースが存在しない。そこで羽石さんはよっこらしょと登山道に腰を下ろした。澄んだ山の空気、広い空間には独特の静寂が満ちている。これが好きなのだ。一人で登る最大の理由はここにある。

「しばらく休んでいたんです。そうしたら下のほうから足音が聞こえてきたんですよ」

〝ザク、ザク、ザク〟

それは間違いなく登山者のものである。それもおそらく男性だと思われた。

人と話をしたくない羽石さんは、顔を合わせるのが面倒だったので再度歩き始めた、それも早足で。

「追いつかれるのも嫌だったのでどんどん登っていったんです。かなり進んで少し高い所まで行きました」

まあ、ここまで来れば一安心と後ろを振り返った。いったいどんな人が登ってくるのか確かめたい気持ちもあったからだ。

「誰もいないんです。そこは見晴らしが良くてかなり遠くまで見えるんですよ。だから後ろから来ている人がいれば絶対に見えるはずなんです」

しかし、誰もいなかったのである。

このような謎の登山者の足音は各地で聞かれる。霧の中、闇の中、そして藪の中。その正体は誰にも分からない。ほとんどは無害であるが、中には追い立てながら迫り来るモノもある。〝良い足音〟と〝悪い足音〟の存在を指摘する人もいるが、ただ音を聞いただけではその素性は分からない。出来れば遭遇したくないものである。

＊

羽石さんは音だけではなく不思議な光も見ている。それは彼女が小学生の頃の出来事だ。家の窓から何気なく外を見ていると不思議な物体が目に入った。

「三つの光が現れたんです。大きさはバスケットボールくらいでしたかね」

それは不思議な動きだった。まるで三匹の動物が戯れるように、それぞれが尾を引きながら宙を舞う。しばらく見ていると三つの物体は突然一塊になり、大きく揺れたかと思うと消えてしまったそうだ。

鷹が見たモノ

狩猟をするためには免許が必要だ。銃器を使う第一種（創薬銃）、第二種（空気銃）、そして第三種（罠）や、その他網猟免許に分かれている。地域性や獲物の種類により選択して免許を取得しなければならない。

これらの範疇に入らない猟の仕方に自由猟というやり方がある。最も簡単な自由猟は石を投げて獲物を仕留める方法だ。もちろんこれも勝手に行うことは出来ない。それぞれの自治体で狩猟の許可を取り、法律の縛りの中で行う必要がある。自由といっても何でもOKではないのである。

誰もが知っている伝統の鷹狩りは、この自由猟に区分される。銃猟以外に鷹狩りも行う珍しい猟師の話。

＊

加藤光彦さんは自身のことを鷹遣いと称している。その理由は、鷹匠と言える人はそれを生業にしている場合に限られると思うからだ。自分の場合は鷹狩りはしていても生業には程遠い。それで〝匠〟の文字を使わないで鷹遣いと称するのである。

「鷹遣いになって十五年ほどですかねえ。私自身はあまり不思議なことは無いんですが、鷹と一緒に山へ入ると何だろうと思うことはありますね」

鷹狩りとは何も勝手に鷹が獲物を捕ってきてくれる猟ではない。鷹は常に人の腕に留まり、一緒に猟場を動いている。そして獲物を見つけると襲いかかるが、それとて勝手に飛んでいく訳ではないのだ。まず人の何倍も遠目が利く鷹が遥か彼方の獲物を見つける。そのわずかな変化に気づいた人が獲物の方向へ向けて鷹を放つ。鷹が獲物を見つけても、人がそれに気がつかなければ鷹はやる気を失ってしまうのだ。まさに人鷹一体の呼吸があってこその鷹狩りである。そのためには常日頃から鷹と人が信頼関係を構築することが大切なのだ。

「鷹の訓練で据え回しっていうのがあるんですよ。鷹を腕に留まらせて人との行動に慣れさせるのが目的です。それで山へ入る時は大体夜中なんですね、午後十一時頃から遅いと午前一時二時くらいまで歩くんですよ。昼間はやりません。鷹は目が良いから昼間だと見えすぎるんですね、だから夜歩くんですよ」

*

ある時、加藤さんが据え回しで山の中を歩いていると鷹に異変が起きた。留まっている腕を鷹がぎゅっと締めつけたのだ。これは鷹が緊張したり怖がっている証拠である。何だろうと鷹の姿を確認すると普段より細くなっている。リラックスしているとふんわりした体付きをしているのに対し、緊張して縮こまっている状態なのだ。

「本当に怖いなら逃げますからねえ。そこまでじゃないけど明らかにおかしいんです、何かに反応してる」

鷹は闇の森を凝視している。何がいるのかと加藤さんが目を凝らしても何も見えない。加藤さんが歩き出すと、その動きにつれて鷹の首も動く。明らかに一点から目が離れないのである。間違いない、あそこには鷹を緊張させる何かがいるのだ。加藤さんはそう確信した。

「それから何回かその場所で据え回しをやりましたが、いつも同じ場所で鷹は固まるんですよ。気になって昼間一人で確かめに行きましたが何も無いんです。別に普通の森の中なんですよ。不思議ですよね。よく鳥目って言うじゃないですか。あれは嘘ですよ。暗闇でも鷹は結構見えるんです」

漆黒の森の中には何かがいた。鷹をぎょっとさせる何かが佇んでいたのは確かなようである。

闇に笑う男

加藤さんの奥さん葉子さんも山好きである。これは葉子さんが学生時代に経験した話だ。

当時ワンゲル部に所属していた葉子さんは仲間四人で長野県の涸沢《からさわ》へ入ったことがある。それは夏休みを利用した女子パーティーでの山行きだった。一週間という長丁場、期待と不安で初日を無事に終えると安堵感が体を満たした。テント場では複数のパーティーが思い思いにくつろいでいる。葉子さんたちも楽しく夕食を済ませると早々とテントの中へと潜り込んだ。しばらくは話をしていたが、そのうちに皆が静かになる。葉子さんもシュラフの中であれこれ考えごとをしていた。まだ初日だったのでそこまで疲れてはいなかった。

どれくらい時間が経っただろうか。うとうとし始めた葉子さんは寝返りを打とうとした。

「暑いからシュラフから両手を出して寝ていたんです。それで寝返りを打とうとしたら体が動かない。あれ何でだろう？　ってそこで目が覚めたんです」

体が動かなかった理由はすぐに分かった。誰かが手を押さえていたのだ、もちろん仲間以外の知らない誰かが。

「それが不思議と怖くなかったんですよ。意地悪されてる感じじゃなくて冗談で押さえているみたいな、遊んでいる感じでしたね」

葉子さんがそう感じたのには訳がある。その見知らぬ誰かは笑っていたからだ。決して不気味な笑いではなく楽しそうに笑っている。

「多分男の人なんです。それが私の枕元に正座してシュラフから出た腕を押さえているんですね。真っ暗な中で口元だけが見えるんですよ、にかっと笑った口と歯がはっきりと。チシャ猫（不思議の国のアリスの）みたいにね」

ユーモラスな光景に葉子さんは思った。これは決して怖いモノではない。安全なモノなのだと。そして深く眠りについたのである。

翌朝目が覚めると、テントの中では一騒動が持ち上がっていた。

「昨日何かいなかった？　変なモノ」

「やっぱり！　いたよね？　何か男の人みたいなモノじゃない？」

「えーっ‼ 気がつかなかった」

「いたよ、あれは絶対にこの世のモノじゃないよ」

気がついたのは私一人じゃなかったんだ。葉子さんは安心もしたが、その騒動には加われなかった。みんなはその得体の知れないモノに恐怖を感じたのに、自分は安心をしたのである。だからあれは悪いモノじゃないとは言い出し難かった。

「手を摑まれても別に金縛りになった訳じゃないし、顔をじっと覗き込むようなこともなかったんですよ。ただチシャ猫みたいに悪戯っぽく笑っただけなんです」

＊

葉子さんは何も感覚が鈍い訳ではない。むしろ逆で山の摩訶不思議な力に畏怖を覚えるタイプなのだ。

「海よりも山のほうがいろいろ感じますよね。エネルギーというのか何というのかちょっと分からないけど、怖いようにも思うんですよ。よくみんなは、巨木や大木に手を当てたり体をつけたりするじゃないですか、力を貰うって言って。私はあれが駄目なんです。逆に吸い取られるように感じるんです。だから木には触りません。触る時は指先でちょんちょんって突いて確かめるんです。それで大丈夫だと思ったら触りますね」

人それぞれに感覚のメーターは振れ幅もその方向も違う。同じ場所で同じ絵がみんなに見えるとは限らないのだろう。

犬を入れた訳

小原孝二さんは四十年以上の猟歴を誇るベテランである。獣を打ち倒すのが猟師の性《さが》ではあるが、何も殺生を好む訳ではない。むしろ山とそこに住む獣を愛おしく感じている。目の前に熊がのそのそ降りてくると、〝お前、俺に撃たれてもいいか？〟と問いかけるような猟師なのだ、小原さんは。

「俺なんか馬鹿だからなあ、何も感じないし何も見えないんだよ。死体が転がっていても気がつかないで、その上跨いで歩いてるもんなあ」

これは本当の話である。よくコンビを組む若手猟師と山へ入った時、若手が自殺死体を見つけても、すぐそばにいる小原さんはまったく気がつかなかったことが二度ほどあった。以来その若手は死体を見つける男と言われている。

＊

「山の中でよ、カッパがあったんだ。ああ、また誰か手の込んだ悪戯してるなあって見てたんだ」

それは岩の上に座るように置かれていた。人が入っているかのようにカッパの上下を着て、まるで案山子《かかし》である。ただ頭の部分は何もなかった。

「おい、これ見ろよ。こんなもん作った奴がおるぞ」

しかし明らかに不自然な姿に同行者が調べると、カッパの中には人骨が入っていた。辺りを探してみると、少し離れた場所に頭蓋骨も転がっている。明らかな首つり死体だった。

丹沢は都心から近いせいか自殺者が多い。森に分け入り最期を迎えた人たちは、多くの場合猟師に発見されるのだ。

＊

小原さんは何も見たことがないと言うが、実際には自殺死体を見つけて回収作業をしたことはある。それ自体はさほどのことではなかったが……。

「死体見つけてからよ、毎晩だ」

「毎晩どうしたんですか？」

「金縛りよ。ああもう来るな来るなって思ったら動けないんだ。あれは悪い女だよ、本当によ」

どうやら見つけたのは女性の死体だったようだ。彼女はお礼が言いたいのか恨み言が言いたいのかよく分からないが、毎日のように顔を出すようになったのである。これが一月《ひとつき》も続くと、さすがの小原さんもたまりかねた。

「犬を入れたんだ、家の中にさ。それまで犬はずっと外で飼ってたからなあ」

「どうなりました？」

「うん、犬入れてからは何も起こらなくなったな」

彼女はよほど犬が嫌いだったらしく二度と現れなかった。こうして小原家の犬は家の中で暮らすようになったのである。

*

小原さんは何も感じないし何も見えないと頑なに言うが、実は違う。誰よりも先に感じるタイプなのだ。そこでいち早くその存在を否定しようと、何も見ないし感じないように策を施しているように思える。本来は感じるタイプの小原さんは自然と感覚をコントロールする術を身につけたのではないだろうか。すべてを受け入れていては身が持たないと体が反応しているようだ。しかしそこを乗り越えてくるモノもたまにあるから山は侮れない。

降りてくる山の神

山の神は女性だと言われている。嫉妬《しっと》深く、若い男のイチモツを好む少しスケベな面も持ち合わせているらしい。古《いにしえ》のマタギは初猟の時に最年少の男を裸にして山の神のご機嫌をうかがった。そうすると獲物が捕れるというのである。現在でもこれは有効なのかも知れない。

丹沢で猟をする服部啓介さんは、山で下半身を丸出しにして振り回したことがあるそうだ。その時は効果覿面《てきめん》、ブラブラさせていると、すぐ横の斜面に複数の鹿が現れる。これは凄いと、また次の猟でも下半身丸出しでブラブラさせた。はっと気がつくと、すぐそばに鹿の姿があるではないか。ブラブラはひょっとして凄い効果があるのではないかと思った。

しかし最大の問題点は、とても銃を撃てる状況に無いということである。ブラブラ状態で発砲することは難しい。それを察知して獣は顔を出すのかも知れない、あまりの殺気の無さに。

＊

「今年の二月に山へ入った時のことなんです。ちょうど尾根の所まで出たら、そこに小さな祠があったんですよ」

山の中には誰が祀ったのかは分からない小さな祠がよくある。それが何の神様なのかは分からなかったが、服部さんは手を合わせた。

「いつもそうしてるんですよ、見かけるとね。やっぱり神様には手を合わせて挨拶しないと、自分たちがお邪魔しているんですからね」

獲物が捕れますように、怪我をしませんようにとありふれたお参りである。それから猟が始まり、山の中で一日を過ごすと夕方には全員無事に帰路に着いた。

「帰りに三人で車に乗って厚木市内に向かったんです。私は後部座席に乗って仲間二人が前にいました」

街中に入ると家が立て込んだ住宅地の中を進んだ。後部座席から何気なく前を見ていた服部さんは、不思議な人物に目が留まった。

「あれ？　何か変な人が来るなあって見てたんです。少し長めのおかっぱ頭で白い服を着てるんですよ。その服が凄く変なんです」

彼女が着ている服はやたらと袖が長かった。いや、尋常ではないくらいに長い。それは手の長さの二倍以上はあるのだ。二メートル近くはあろうかという長い袖をひらひらさせながら、不思議な女性はこちらへ向かってくる。

「えっ!! 何なのあの人はって思いましたね。それで前の二人に言ったんですよ、ほら変な人が来るよって」

ところが前の二人は気がつかない。どこにいるのか分からないと言うのだ。

「いや、そこ! すぐそこにいるじゃない、目の前。あの変な女の人」

車のすぐ真横に来ている謎の女性を指さしながら言ったが、二人はきょろきょろとしているばかり。

「二人には何も見えてなかったんですよ。すぐ横を通り過ぎたのに見えないって言うんです。そんな馬鹿なって後ろを振り向いたら、やっぱりいるんですよ、そこに」

三人が同じ方向を見ていたにも関わらず、見えたのは服部さんだけだった。後日その話を知り合いにすると……。

「それは山の神だって言われました。何でも山の神の着ている物はひらひらしているらしいんです。私が山の祠に手を合わせたから、きっと一緒に降りてきたんじゃないかって」

山の神もたまには街で息抜きをしたかったのかも知れない。お茶目な女性神である。

山盛りの内臓

横浜で銃砲店を営む今村逸夫さんは、自身に特に不可思議なことなど無いと言う。ただ印象に残る出来事はあったそうだ。

「タツマに付いてしばらくしたら鹿が見えたんですよ。その時私は尾根に付いていたんですが、ちょうど真下に鹿が出てきたんです。五十メートルくらいの距離だったかなあ」

さほど難しくない撃ち下ろしである。銃を構えて狙いを定めると引き金を引いた。銃声が辺りにこだまする。同時に鹿がころんと転がるのが見えた。今村さんは仕留めたことを確信して斜面を降りていったが……。

「いないんですよ、どこにも。確実に当たって転んだはずなのに。変だと思って四、五メートルの範囲を探したら何かにおうんですよ」

嫌なにおいが鼻先に漂う。今村さんが注意深くにおいの元を辿ると妙な光景に出くわした。大きな岩の上に何かの塊が乗っているのだ。

「見てもすぐにそれが何かはよく分かりませんでしたね。岩の上に綺麗に誰かがお供えしたみたいに乗せてあるんです。何だと思いますか？ 内臓なんですよ」

その内臓はまるで誰かが意図的に岩に乗せたかのようだった。綺麗な乗せ方、そして一番妙だったのは血がまったく滴っていないことである。岩の上には内臓のみが丁寧に飾ってあった。新鮮な内臓は今までここにいたはずの鹿の物に違いない。そこで今村さんは探索範囲を広げて鹿を探した。百メートルぐらいの間を探し回ると、案の定一頭の鹿が倒れている。近寄って調べると、その体内からは内臓がすっぽりと抜け落ちていた。

「まあ撃った弾が腹に当たって内臓を吹き飛ばしたんでしょうねえ。あんなに綺麗に岩に乗るのは不思議ですが、単なる偶然なんでしょう」

＊

阿仁マタギからも内臓の無い熊の話を聞いたことがある。それは腹を打ち抜かれた熊が内臓を露出したまま逃げ続け、枝や藪に引っ掛かった内臓をすべて出し尽くしてしまうという話である。結局この熊は死ぬが、見つけた時には腹の中には何も無かったそうだ。

今村さんが撃った鹿が一瞬で内臓を失ったことだけは確かなようである。しかしそれがお供えみたいに岩の上に綺麗に乗る確率はいったいどのくらいのものなのか？また血の一滴も見られないのはなぜだったのか。その点は今村さんも不思議だと思っている。

霊感は伝染する?

これは丹沢山系でレンジャー活動をしている方の話。彼は中学生の頃から父に連れられて猟場に入っていたという、最近では珍しい経歴の持ち主だ。その昔、マタギ集落では中学生になると勢子を務め、銃をぶっ放すことも珍しくはない。それがマタギへの第一歩だった訳だ。しかし現代そのような子供は皆無である。そこからすると、彼のように中学生で大物猟の手助けをして引き出しや解体まで経験した人は珍しい。

彼はレンジャーとして、増えすぎた鹿の個体数調整を行っている。日々山を歩き、鹿を撃つのが仕事である。ほとんどは日帰り圏内での仕事だが、たまには泊まりがけもある。奥山まで通うのは無駄が多いからだ。夏場で一泊、冬場なら二泊ほど山小屋に泊まって鹿を追っている。

「山小屋に泊まる前にかならず点検に行くんですよ。必要な物があるかどうかの確認とかですね。これはお前調べてこいって言われて、ある山小屋に行った時なんです。

そこは遠くから見ただけで〝やばい奴じゃん！〟ってすぐ思ったんですよ」

普通、山小屋は稜線近くに建てられる場合が多い。しかしこの小屋は暗い沢沿いで、いかにも薄気味悪い雰囲気が漂っていたのだ。気持ち悪いなと思いながらも中に入ると、案の定、小屋の中はじっとりと湿った重苦しい空気が充満している。

「記録用の写真を撮ったんですよ、デジカメで。それを確認したら部屋の中に白いモノがぶわーって広がってるんです。〝うわっ！　やべっ‼〟て思いましたね。まあでも俺も煙草吸ってるし、その煙だろって違う角度からもう一枚撮ったんです」

何枚撮影しても同じだった。いくら角度を変えても部屋の中には白い煙のような物体がうねうねと写っている。

「エクトプラズムって言うか、まあ気持ち悪い奴でしたね。それから私はね、泊まる小屋はかならず写真撮って確認しますね、いるかいないかをね」

ほとんどの山小屋を回る彼は、置いてあるノートを回収して新しい物に変える仕事もしている。持ち帰ったノートをぱらぱらとめくると、時折〝出ました〟という記述があるそうだ。何が出たのかはご想像にお任せする。

＊

彼は普通の人より遥かに敏感な体質らしいが、学生時代は特に凄かったそうだ。

「よく霊感の強い奴がそばにいると影響受けるって言うじゃないですか。見える人の横にいると見えなかった人まで見えるようになるって。本当にそうなんですよね」

彼が学生時代、かなりの霊感体質であるS君という友達がいた。S君は見えまくり感じまくりの人で、周りにいた人までその影響を受け出したのである。

ある夏の日、S君たちとキャンプに行くと、とんでもないことが起こった。

「別に普通ですよ、場所は。特に何かあるって感じじゃなかったんです。晩ご飯食べてわいわいやってたら、テントの後ろに何か見えたんですよ」

テントの後ろは森が迫り、闇の世界だった。そこに目を向けたS君が言った。

「おい、あそこ。何か光ってないか？」

「えっ？　どこ、テントの後ろか。なんにも光ってなんかいねーよ……」

言い終わらぬうちにテントの後ろに立ち上がる光の塊が見えた。

「すぐ分かりましたよ。これはまずいもんだって。思わずライトでその方向を照らしたんです」

出来れば消えて欲しいと思った彼の思惑は見事に外れた。ライトで照らされた謎の光はテントの後ろから飛び出てきたのだ。そしてテーブルの上に置いてあったランタンを〝ドンッ〟っと吹き飛ばす。

「ランタンがどこかに飛んでいって真っ暗ですよ。もうみんな完全にパニック状態で、持ってきた花火をばんばん上げたんです。追い払おうと思ってね」

＊

この頃は家族旅行に行っても写真をあまり撮らなかったそうだ。どこで何を写しても写真一面に白い塊が写り込んで記念にならない。だから撮るのを諦めたのである。影響は写真のみならず、当時家族もいろいろなモノを見るようになっていた。奥さんはある日バスに乗っていると、途中から妙な子供が乗ってきたことがあるそうだ。

「ドアが開いて子供が乗ってきたんです。あれ？　今日は九月一日だったかなって一瞬思いました」

九月一日、つまり防災の日である。乗ってきた子供は防災ずきんを被っていたのだ。それでてっきり訓練の格好で子供が乗ってきたと思ったのである。

「変な子供だなあって見てたんです。そうしたら次の瞬間にぱって姿が消えました」

もちろんその日は九月一日ではなかった。奥さんはこの出来事もS君の力の成せる業だと思っている。

昨日の友達

これは東丹沢で猟をする上野朱音さんから聞いた話である。上野さんは猟師であり、料理人としても働いているハンターシェフだ。

「友達四人と御巣鷹《おすたか》山に登った時のことなんです。あれは日航機事故の三年後でしたね。慰霊登山に行ったんですよ、ええ、八月十三日でした」

上野さんは四人の友達と御巣鷹山の墜落現場を目指して登る予定で入山したが、途中で体調が悪くなり一人で待つことにした。

「前の日にキノコ料理を食べたんですが、あたった訳じゃないけどお腹が痛くて動けなくなったんです」

登りたいのは山々だが、如何《いかん》せんお腹が痛くてとても歩けそうになかった。そこで上野さんは一人車に残り、友達が下山するまで待つことにした。

「無線を持ってそのまま車の中で寝てたんです。一時間くらいですかねえ。目が覚めたら少し気分が良くなってたんで外に出たんですよ」

真夏の森は蒸し暑かったが、都心のような不快さは無い。気持ちの良い暑さだった。体調が良くなったせいか上野さんは暇を持て余しだした。登った友達が降りてくるのは数時間も先である。いくら何でも長すぎる待ち時間だ。

「登山道の近くに、裏道っていうか立ち入り禁止なんですが道があるんです。そこを少し登ってみようと思って入りました」

立ち入り禁止とはいえ柵がある訳でもないし、特に危険な道でもなかった。誰もいない静かな道をふらふらと歩いていると、何かが上から降りてくるのに気づいた。

「私が言うのもなんですが、立ち入り禁止なのに入っている人がいるのかって思いましたよ。それが段々近づいてきて、女性だと分かるくらいになったんです」

誰もいないと思った静かな登山道を降りてくるのは一人の女性だった。その顔を見て上野さんは思わず声を上げそうになる。その女性は顔見知りだったのだ。それもつい先ほど御巣鷹の尾根を目指して登っていった友達の一人に間違いなかった。

「あれ？ 何でこんな所から来るんだろうって思いました。でも何かが変なんですよ。間違いなく彼女なんだけど明らかにおかしい」

降りてくる友達は無表情だった。視点の定まらない目はどこに向いているのか分からない。そして何より変だったのはその格好である。

「それがさっき山へ入った服装じゃないんです。凄く気軽な格好してるんですよ。よく見たら、それは夕べ寝る時のジャージなんですね」

彼女の格好は昨晩の寝間着姿だったのだ。上野さんは無線を取り出して仲間に連絡を入れようと試みたが、まったく繋がらない。そうするうちに、昨晩の格好をした友達はすぐ横を通り過ぎる。声も掛けられずにただ見つめるしかなかったが、目はまったく合わなかった。しばらく上野さんは動くことが出来ずに、呆然と周りを包むセミの声を聞いていたのである。急に流れる汗が冷たく感じられた。怖くなった上野さんは車に急いで戻ると、ただひたすら友達の帰りを待ちわびたのである。

「降りてきた友達にその話をすると、みんな凄く驚いていました。後で聞いた話だと、その道はボロボロの格好をしたパイロットが降りてきたこともあったらしいんです」

女性の寝間着姿で降りてきたのはいったい何者だったのか。たとえ空蟬《うつせみ》でもそれを借りて山を降りたいと思う一心だとすれば、少し切ない話である。

II 彷徨える魂

切りたくない木

北アルプスを西に望む松本市は周りを山に囲まれた盆地である。ここに若い作業員が多く働く柳沢林業という会社がある。全国的に林業従事者の高齢化が問題になっているのに、この会社は非常に珍しい。

そんな柳沢林業で毎日山仕事をする若き杣人《そまびと》の話。

「どうしても切りたくない木はありますねえ。たまにですけど〝これは切っちゃいけないなあ〟って感じるんですよ。なんか嫌な気がしてね」

間伐作業を行っていると時々そのような木に出くわすそうである。じゃあどうするのかと他の作業員に問われると、彼は答えた。

「やっぱりその木は残すなあ。しょうがないから他の木を切るねえ」

植林された木々は一見同じように見えるが、そこで残されて大きくなる木はやはり何かが違うようだ。

＊

若い杣人たちにはあまり不思議な経験は無いという。社長で長老の柳沢栄治さんも妙な話はあまり聞いたことがないそうだ。

「子供の頃は学校に行くのは怖かったよ、学校が遠いで。その途中に追いはぎが出るという峠があったり〝首つりの松〟なんてのがあったから、そこは怖かった。でも本当にこの松は良い形してるんだ。首つるには最高の形だったなあ」

しかし、そのようなことを気にしていたら怖くて山の中へは入れないから考えもしないと言う。ただし、最近行方不明になった人については妙だと思っている。

「このすぐそこの山よ。夫婦で山菜採りに入って奥さんが行方不明になったけどな。奥まで入った訳じゃねえのに、まったく見つからんかった。そこは三人くれえ未だに見つからんだ。危険な場所でもねえもんだがね」

＊

山の中での不思議な音について聞くと若手が答えてくれた。

「森の中じゃないけど、トンネルの所でサックスの音は聞いたことがありますよ」

その音は刈谷原トンネルのすぐそば、真夜中のことである。話をしてくれた彼の住まいからはトンネルを抜けて歩いていくのがコンビニへの近道なのだ。そこでサックスの音色がどこからともなく聞こえてきたらしい。

「それは練習をしてたんじゃないの？」

仲間たちの突っ込みはもっともである。しかし楽器の練習なら広い梓《あずさ》川の河川敷に行くほうが遥かに簡単で楽なのだ。わざわざ真夜中に暗闇の山へ入るだろうか。

＊

一日の作業を終えたばかりの皆さんに長く話を聞くのは悪いと思い、腰を上げようとすると一人が口を開いた。

「これは私が前勤めていた所の話なんです。山の中で一日に三度振り向いたことがあるんですよ」

それは、彼が普段通り現場へ入って伐採作業をしている時の出来事だ。急に笑い声が聞こえてきた。誰だろうと思って振り向くが、誰もいない。

「それが若い女なんですよ、笑い声が。でも、振り向いてもいないし、もちろん辺りを見渡しても誰もいないんです」

聞き違いかと思い、彼は作業を再開する。しばらくすると、また女の笑い声が聞こえてきた。もちろん誰もいない。不思議なことがあるものだとその話を休憩時に先輩にすると、

「凄く怒られましたね、そんな話をするんじゃないって。その現場は事故が続いていたんです。四人も怪我人が続出してたから……」

それを聞いていた別の人が続ける。

「確かに何かが続く現場ってのはあるよね。機械が何回も故障したりね」

「あるね、そういうの。立て続けに鉈《なた》落とすとか、あれは不思議だ」

ひょっとしたら、これは山の神が注意を促しているのではないだろうか。みんな気をつけなさいよとサインを出しているように私には思えるが。

峠に集う者

峠や川は昔から境になる場合が多い。国や村を分ける地点であり、そして人生にもさまざまな峠をなぞらえる場合がある。場合によっては、あの世とこの世の境にもなるようだ。

＊

山に囲まれた松本は、また猟場にも恵まれた地でもある。そこに住み、縦横に信州の山を駆け巡るベテラン猟師上條栄さんの話。

「私は山で不思議な経験をしたことはほとんど無いですねえ。まあ子供の時に少しはあったのかなあ、狐に騙された話はよく聞きましたしねえ。集落に拝み屋がいて、地区の子供がいなくなるとその人に探してもらいましたよ。それでも二、三人は神隠しにあったままだなあ」

半世紀以前、神隠しは山間部ではさほど珍しい出来事ではない。全国各地でよく聞く話である。その原因が道迷いなのか、人さらいなのか、それとも事件なのかは有耶《うや》無耶《むや》で、まとめて神隠しとして片づけられたようだ。

「子供の頃の家はトタン屋根だったんですよ。ある晩ね、その屋根で〝ドンッ〟って凄い音がしたんです」

風もない穏やかな夜だった。静かな家の中に響き渡る音に上條少年は飛び上がる。

「びっくりしましたね。親が外に出て調べたけど何も無いんですよ。翌朝になって電報が届いたんです、縁者が亡くなったって。死亡時刻はあの音がした辺りなんです。あれは知らせに来たんだと思いますよ」

*

上條さんの義父さんには典型的な怪談経験がある。それは彼が真夜中に車で帰宅中の出来事だ。思いのほか帰る時間が遅くなってしまい、少しスピードを上げて塩尻峠を登っていると、闇を照らすライトに人影が浮かんだ。

「誰だろう？　こんな時間に」

不審に思い、速度をゆるめて徐々に近づく。数メートルまで近づくと、それは一人の若い女性だった。

「何しとるん？　こんな所で。町のほうへ行くなら乗せてやるから」

時間といい場所といい、若い女性一人で歩くのはあまりにも危険である。親切心で乗ることを勧めると、その女性は無言で頷き車に乗り込んだ。変だとは思ったが、彼女の雰囲気は話しかけるのを躊躇《ためら》われる。義父さんは黙ったまま運転して峠を下り、町へと入っていく。どの辺りで降りるか尋ねようとしてバックミラーを見て驚いた。先ほどまで見えていた彼女の姿が無い。急ぎ車を止めて後部座席を調べたが何も無かった……ただ座席がじっとりと湿っていたそうである。

このような典型的な怪談話が、街中ではなく峠道でもあったとは驚きだ。しかし、類似した話だと病院前から乗ってくる例が多いが、なぜ何も無い峠道を彼女は彷徨っていたのだろうか。

＊

「山は生き物だから拒まれる人もいるよねえ」

そう語るのは三才山《みさやま》で蕎麦屋を営む滝沢秀俊さん。狩猟はやらないがキノコ採りの指導員の資格を持つ山のベテランである。

「いつも入っている山でもね、時々急に道が分からなくなることがあるけど、それは山がからかってるんだよね、多分。お前最近調子に乗ってんじゃねーかってね」

山の中ではさまざまな不思議な経験をしたという滝沢さんは、かなり恐ろしい目に遭っている。

「それはね、山菜を採りに行った時のことでねえ。朝早く出掛けるのが面倒だったから、夜中に出掛けて途中で仮眠していたの」

場所は野麦峠である。飛騨と信濃の国を結ぶ古くからの街道で、明治時代には紡績工場で働く若き女性が行き交った。〝あゝ野麦峠〟として有名な地である。そこの林道は関係者以外の車の通行は出来ない。林道のゲートに鍵が掛かっていて番号を知った者しか入れない仕組みなのだ。これは各地の林道でよく見られる光景である。

「鍵開けて林道に入って少し行った所で寝ることにしたの。あんまり怖いとか思わない性格だから、すぐにぐーぐー寝ちゃったんだよ」

どれくらいの時間が経ったのだろうか。滝沢さんはふと胸苦しさに目が覚めた。なぜか嫌な感じがしてたまらない。シートから上体を起こして驚いた。

「人がね、いるの。たくさんの人がその辺りの森の中にいるのが見えるんだよね。車の中を覗き込む人もいてね、それが段々増えてきて周りを囲まれたんだよ」

多くの人に車を取り囲まれた滝沢さんは声も出せない。あまりの恐ろしさに体は動かなかった。

「みんなね、女工さんなんだよ。昔の女工さんの格好した人たちが車に手ついて中をじっと見てたんだ。あれは怖かったよ」

これはとんでもなく恐ろしい経験である。しかし中を覗くだけで勝手に入ってこないのは、やはり明治女性の奥ゆかしさだろうか。

続・楽しい夜店

前作『山怪』に幻の夜店の話を載せた。秋田県の阿仁での出来事である。目の前に忽然と現れる夜店は子供の錯覚なのだろうか、それとも……。

現在松本市に住む小沢美恵さんは、小さい頃から山に親しんで暮らしてきた。生まれたのは南信の辰野町である。松茸採りに命を賭ける山女は、現在ベテラン猟師上條さんに山の手ほどきを受けている。将来は狩猟免許を取って獣を追うつもりだ。その小沢さんが幼稚園の頃の話。

「夕方、姉と二人で近くの神社へ行ったんですよ。ちょうどお祭りがあって、参道沿いにたくさんの夜店が出ていたんです。明るくて綺麗でねえ、姉と二人でそのお店を見て回ったんです」

薄暗い参道を明々と夜店が照らしている。子供にとってはまさに異空間で、楽しい時間だった。すっかり日も落ちたので家路につき、楽しかった夜店の話を母親にすると……。

「お祭りなんかないよ、まだ先だって言うんです。私がいくら夜店がたくさん出てたって言っても、そんな訳ないって」

実際にその日はまだ祭りの日ではなかった。母親が言う通り夜店など出ていない。記憶を辿ると、確かに店に人がいた気配はないし、祭りの賑やかさも無かったようである。

ただ、静かで明るく輝く夜店を姉と二人で見て回ったことだけは確かなのだ。

＊

小沢さんがやはり子供の頃、兄弟が家で怪我をしたことがあった。病院へ連れていくにも車がなく、手配をして家族中で待っていた。

「まだかまだかってみんなで言ってたら、遠くのほうから車が来る音がしたんです。あれかなって耳を澄ませていると、家の前でキーって止まる音がして」

待ちわびた車の到着に一同が外へ飛び出した。しかしそこに車など無い。

「あれ？　今、車の走ってくる音したよね、止まる音もしたよね」

家族全員で聞いていたはずなのに車は来ていなかった。それからかなり経ってから手配した車はやって来たのである。この時のことは、未だに家族中で不思議に思っている。

*

これは小沢さんが中学生の頃の話だ。当時バレーボール部に所属していた小沢さんは、部活が終わり、体育館の真ん中で円陣を組んで座っていた。毎日恒例のミーティングである。

「いつものように部員が輪になって話をしていたんです。そうしたら足音が聞こえてきて」

その足音は小沢さんの後ろから段々と近づいてくる。ステージのほうから誰かが歩いてくるようだった。小沢さんの正面に座っている部員がその方向を凝視している。つられて小沢さんも振り向いた。

「誰もいないんですよ。でも足音だけはするんです、〝ぎゅっぎゅっ〟って。それが私の真後ろまで来たんです」

足音はしばらく佇むとまたステージのほうへと去っていった。そこにいた部員全員がこの足音を聞いている。

「校長先生が亡くなったばっかりだったから、あれは校長先生が見に来たんだってみんなで言ってました」

＊

同じく中学生の時のことだ。通学途中の道で先を歩いている小学生がどうにも気になってしょうがない。

「この子、轢《ひ》かれるんじゃないだろうか？」

何となくその子の後ろ姿が普通とは違って見えたのだ。

「そうしたら、後ろから私を追い抜いたバイクがその子を跳ね飛ばしたんです。あれは怖かったですね」

＊

小沢さんは少し感じるタイプのようだ。最後に火の玉の話をしてもらおう。

「子供の頃に荒神山で遊んでいたら、木の根元で何か動く物が見えたんですよ。何だろうと思って覗き込んだら……」

大きな木の根元にはぽっかりと穴が開いている。その中で火がぐるぐると回っているのだ、まるで花火のように。この不思議な火を見ていると、それは段々と激しく動き出し、とうとう穴から飛び出した。これには小沢さんもびっくりして、その場から弾けるように逃げ出したそうである。

山の日の出来事

香山由人さんは長野県大町市で山仕事創造舎という法人を運営する山人である。自身は神奈川県の出身だが大町市に移り住み、林業従事者として生活してきた。

「私が林業の基礎を教わった師匠の山はちょっと変わってましたね。普通の山とは少し違った感覚がするんですよ。誰もいないはずなんだけど、人の気配がしたり声が聞こえたり……そこは北山っていうんですが、地割りがされていないんですよ。周りは細かく字《あざ》が分かれているのに、そこだけはかなり広い範囲で単に北山なんです。不思議な地区ですね、そこは」

山で特に怖い思いはしたことがないという香山さんだが、妙な経験はある。それはある現場での伐採作業の時だ。

「普通なら絶対に切らない木なんですよ。急斜面で段になった所に根曲がりの大木があって、技術的には非常に厄介な代物でね。事故必至みたいな、でも切らなきゃならなくて……」

その日、樹齢が百五十年を超えるであろう巨木を見上げると、香山さんはチェーンソーのエンジンを掛けた。

「不思議なんですよ。すーっと入っていくんです、チェーンソーが木に吸い込まれるみたいにね。普通ならどう動かして切るかを考えるんですが、この時は何も考えなかった。いとも簡単に切れたんです。当日は〝山の日〟だったんですよ、実は。本当は木を切っちゃいけない日なんですが、なぜか敢えてその日に設定したんです」

〝山の日〟とは山の神様の日で、人は山に入らない、木を切らないといった禁忌が古くから存在する日なのだ。そんな日になぜか香山さんは伐採を設定したが、その理由は本人にもよく分からない。まるでこの日ならいいから切りに来いと呼ばれたかのようだった。

＊

山仕事創造舎で作業をしている人たちに現場で話を聞くと、複数の人が謎の呼び声の話をしてくれた。それはナラの巨木を切り倒すと、よく〝お〜い〟と呼ばれると言うのだ。

「ああ、その声はよく聞くよ、ナラだけだな、あの声は」

「他の木じゃ聞こえないから、やっぱり倒れる時の風音がそう聞こえるんじゃねえかなあ」

他地域でもナラを伐採するが、〝お～い〟と呼ばれる話は初めて聞いた。

＊

大町市の農林水産課に勤める中島善一さんは現役猟師でもある。猟期には獲物を追って二千メートルの高所までも足を運ぶ強者だ。

「山で不思議なことはあまり無いなあ。まあ家で変な音はよく聞きますがね」

中島さんの住まいは山の中にあり、大変静かな所である。夜にもなると静けさは一層増すが、時々妙な音が聞こえてくるのだ。

〝カンッ、カンッ〟

「それがね、何かよく分からないんですよ。最初は誰かがガードレールに石でもぶつけているのかと思ったけど、少し違うんだなあ」

原因が何かは分からないが、東北ならば間違いなく狸の仕業ということになるだろう。

＊

中島さんは子供の頃、山の中で謎の足音に追いかけられたことがある。

「学校の行き帰りは山の中の道なんですよ。冬なんて暗くて一人で歩くのは怖くてね。そこではっと気がついたら足音がするんです、後ろから」

暗く寂しい山道で聞こえてくるのは誰かの足音、それが自分の後ろからついてくる。少しずつ早足になる中島少年。するとついてくる足音も同じように早足になる。恐怖に後ろを向くことも出来ず、必死で家まで走って逃げた。

実は中島さんの奥さんにも似たような経験がある。少し違うのは足音を聞いた彼女が振り向いたことだ。

「女房が見たのは白い煙みたいなもんだったそうですよ。いえ、火の玉じゃなくて白いフワフワしたものが追っかけてきたそうです」

白い煙、火の玉、どちらにしても山の中では怖い存在である。

二度と行かない小屋

白馬村でガイド歴四十年以上というベテラン岳人の松本正信さんの話。

「狐火見たいう話は、爺さんの頃にはたくさんあったでしょうねえ。私はそんなモノを見たことはありません。不思議な音ですか？　う〜ん、音はあるかなあ……」

今から二十年ほど前のことである。松本さんは数人の山仲間と後立山《うしろたてやま》連峰へ入っていた。

「その日は、ある小屋まで行く予定だったんですよ。ただ出発が少し遅れたもんでねえ、まあ無理してもしょうがないから、手前の避難小屋で泊まることにしたんです」

天気も良いし慣れた山である。簡単ながら楽しい夕食を済ませるとシュラフに潜り込んだ。

「小屋には俺たちだけでしたね。八時過ぎくらいだったかなあ、音が聞こえてきたんです」

〝ザッザッザッザ〟

足音だった。避難小屋の周りはガレ場である。そこを誰かが歩いて小屋に向かってくるようだった。

「ああ、こんな時間に登ってくる人がいるんだなあ、多分小屋に入ってくるだろう」

夜のことでもある。これ以上先へ行くはずもなく、当然避難小屋で夜を明かすだろうと思っていると……。

「その足音がね、小屋の横を通り過ぎていくんですよ。あれ？って思っていると、突然聞こえなくなるんです。消えたみたいに」

仲間は顔を見合わせた。

「今の人、どこに行ったの？」

「さあ……聞こえなくなったな」

しばらく皆が黙っているとふたたび、

〝ザッザッザッザ〟

また足音が聞こえてくる。それは先ほどと同じ方向から徐々に近づき、そして小屋の横を通り過ぎると消えた。これはひょっとしたら誰かが悪戯をしているのか？ それとも〝本物〟なのか。仲間の一人がシュラフから抜け出るとライトを手に小屋の外へ出た。しかし誰もいない。不気味な沈黙が避難小屋を支配した。

〝バラバラバラバラバラ〟

屋根に当たる突然の雨音が嫌な沈黙を打ち破る。

「雨が降ってきたな」

「大雨か？　そんなに天気が悪かったっけ？」

沈黙から逃れてみんなが少しほっとする。しかしそれも束の間だった。一人が小屋の外を見たが、雨らしき気配は無いのだ。

「変だなあと思って全員で外に出たんですよ。そしたらやっぱり雨なんか降ってないんです。凄く良い天気で星が輝いてね」

さすがの山男たちも、この夜ばかりはまんじりともせずに夜明けを待ったのである。

「あれは何だったんですかねえ？　私は何かの祟りじゃないかと思ってねえ、それ以来その小屋は二度と泊まらないですねえ」

＊

昔は事故で亡くなった人の遺体をしばらく山小屋に安置することが珍しくなかったそうだ。運悪くそんな時に山小屋に泊まると、一晩見ず知らずの人の通夜に付き合う羽目になる。こうしていわくつきの小屋が生まれ、勘の鋭い人が泊まると大抵妙なことが起きるのだ。

また今と違いヘリコプターで遺体を下ろすことはほとんど無く、難所での遭難者はその場で荼毘《だび》に付す。それもまた山岳ガイドの仕事だったのである。

「唐松岳のかなり奥で遭難事故があって、その時も下ろせなかったんですよ。私の友達がね、少し開けた場所を探して、そこで火葬にしたんです」

積み上げたカラマツの上で徐々に火に包まれる遺体は、薪《まき》が崩れるといきなり半身が立ち上がった。それを見た友達は顔面蒼白となり、何度も口走る。

「おい、あれまだ生きとるんじゃねえか。なあ、あれ生きとるんじゃねえんか!!」

夢に出そうな場面だ。今では経験出来ない恐怖である。

白日の火の玉

白馬村猟友会のベテラン猟師内川史郎さんは、家の前から謎の光を見たことがある。

「この道は旧の塩の道でなあ、日本海側からずっと続いとるのよ。四十年くらい前だなあ、ここから尾根のほうに光が見えたんだ」

その光は最初一つだったが二つに分かれて、しばらく宙を彷徨った。内川さんは目を凝らして、それが人工の物ではないことを確信する。

「何だか分からないけど不思議な光の玉だったねえ。狐火？ いや、そういうモノかどうかは分からんなあ。狐火なんて正体はヤマドリじゃないのかねえ、俺は一回見たからなあ」

内川さんが見たと言う火の玉は実に不思議な物体だった。

「あれは十時過ぎだねえ、朝だよもちろん。ヤマドリは朝十時過ぎると沢から山のほうに上がってくるんだよ。そういう習性は分かってるからねえ。だからその時もヤマドリを探して尾根道を歩いていたんだ」

ベテラン猟師の勘は当たり、ヤマドリが姿を現すが、それはまさに足元だった。あまりに近すぎて銃を構える間もない。

「あれ！　ヤマドリだと思ったら、それがすぐ飛び上がってな、火の玉になったんだ」

「ああ、羽毛が反射して赤く見えるんですね？」

「そう、首周りとかこの羽の上のほうね、そこが真っ赤になって、それから完全に火の玉になったんだ」

「完全にって？……」

「もうヤマドリの形がまったく無くなるんだよ。飛び立つ前はヤマドリの形だったのに、上がったら完全な火の玉！　あれは一度しか見たことがないなあ」

よく聞く狐火＝ヤマドリ説とは少し趣が異なるようだ。一般的には、夕方や朝方に太陽を浴びたヤマドリが暗い森の中で飛ぶと火の玉に見えるというもの、または静電気で羽が光って火の玉に見えるのだという二説が多い。しかしこの説を唱える人は実際に見ていない場合が大半で、先輩に言われたことをそのまま信じているようなのだ。内川さんのように完全な火の玉になったヤマドリを見たと言う人には初めて出会った。

しかし足元ではヤマドリの形、そこから飛び上がると火の玉に変身するとは実に不思議な生き物である。

*

白馬村でもご多分に漏れず狐憑きはあった。内川さんは憑きもの落としに使われる道具を見せてもらったことがある。

「狐憑きになると御嶽《おんたけ》教にお願いしたもんだよ。御嶽山の御嶽教ね、あそこから三つの白い小石を持ってきて、それを額に毎日押しつけて拝むんだ」

霊験あらたかな三つの小石に憑きものを封じ込めようというのだ。無事に憑きものが離れると、その小石は御嶽教に帰され、そちらで本格的な祈禱が行われたのである。要返却で何度も使える実にエコな道具だった。

内川さんが住む地区は白馬の中心地からほど近い。子供の頃はすぐ近所に水車小屋があって、そこが夜は恐ろしくてしょうがなかった。

「昼間と違って夜の水車は回り方が違うんだ。遅くなるんだよ、仕事してないからね。その音がゆっくりとして凄く怖い。おまけに水車小屋にはろくろ首が出るって言うんで、俺なんか横通れないんだよ」

観光用の水車しか知らない身には、夜の水車の不気味さは分からない。

＊

水が豊かな白馬村も埋葬ではかなり苦労したらしい。

「ここら辺りは土葬だったんだけど、穴掘るとね、すぐに水が出るんだよ。だから穴の半分が水、そうすると棺桶入れてもぷかぷか浮くんだよ」

そこで棺桶を押さえつけたり石を上に乗せたりして水に沈めなければならない。土葬なのにまずは水葬という手間の掛かる場所だったのである。

狐の嫁入り

富山県は立山連峰を擁《よう》する山の県であり、かつ豊かな富山湾を持つ海の県でもある。西部地域に大きな山塊は無いが、岐阜県へと続く山々はかなり深い。そして岐阜県は海のない県だが、その地からは日本海側と太平洋側の両方に流れ下る川を持つ。両県が境を接する地域で話を聞いた。

＊

富山県南砺市の五箇山《ごかやま》は世界遺産に認定された合掌造りの集落である。ここで民宿を営む酒井眞照さんは中学生の頃毎日夜回りをしていた。

「合掌造りで火に弱いから、火の用心だけは気をつけていましたね、その頃から。夕方になると子供たちが夜回りをするのが日課でね、各家を回って注意を呼びかけるんです」

これは子供たちにとって楽しい時間でもあった。毎日近所の仲間とわいわい言いながら、時にはかくれんぼをしながらの仕事だったのである。

ある日の夕暮れ時、いつもの仲間と遊びながら回っていると、突然一人が立ち止まった。

「おい、あれ！　あれ！」

指さしたのは目の前を流れる庄川の対岸である。全員でその指さす方向を見つめた。

「何だよあれは？」

対岸の森の中には光が見えた。それもいくつもの光、その光がゆっくりと連なって移動しているのである。まるで提灯《ちょうちん》行列のように。

「狐の嫁取りじゃ言うてみんなで見とりましたね。この辺じゃ今でも見えるんじゃないですか、注意して見とれば」

＊

その庄川を挟んだ対岸の山中にある旧利賀《とが》村（現南砺市）長崎地区で古民家の宿を営む岡部武夫さんも、大人になってから二度ほどこの行列を見ている。

「あれは地区の運動会があった時ですね。帰り道に谷の反対側にいくつも光が見えてね、地区のみんなが見てましたよ。ああ、結婚式が始まったなあ言うてね。私は二回見たことがありますよ。それが何かいうたら分かりませんがねえ」

＊

この辺りでは複数の人が同時に見ることが珍しくなかったようだ。五箇山地区の最長老猟師である山本利男さんも何度も見ている。

「あれは別に不思議なもんでも何でもないけえ。昔は土葬じゃろう、それからリンが出て燃えるんじゃ。リンは動物の死体からも出るからなあ。狐の嫁取り？　それは当たり前の現象やからねえ」

この近辺では、単独で飛び回る火の玉よりも連なって移動する狐の嫁入りの方式が一般的である。複数回見た人が多いのも特長だ。さほど遠くない岐阜県の旧古川町（現飛騨市）には文字通りの〝きつね火祭〟がある。これは参加者が狐メークで嫁入り行列を再現する祭りだ。それほど昔から馴染みのある現象だったのだろう。

座敷わらし

古民家の宿おかべは九十年近く前に建てられた立派な屋敷だ。そこの武夫さんは、若い頃炭焼きをやっていたことがある。

「毎晩山へ行くんやけど、そりゃあいろいろな音は聞いたよ。でもね、何の声なのかとか、まったく考えんようにしとった。炭焼きのことだけしか考えんかったねえ。そうせんと良い炭が焼けんから。変な炭焼いたら入るお金が減るさけ。だから炭焼きのことしか考えん。それで山へ行けたんや。今なら一人で山に入るなんてとても出来んよ、恐ろしゅうてね」

やることがあるから、それに没頭して怖さを打ち消したらしい。

「集落では人が突然いなくなることはあったね。どこに行ったのか探しても見つからん。それが五日ほどしたらひょっこり帰ってくる。神隠しや言うとったねえ。井波からこっちのほうは、昔からおらんようになる人がたくさんおった」

神隠しも狐の嫁入りと同様に珍しくなかった土地柄である。天狗が棲むという大きな松の木は不気味な感じがして、一人でその横を通るのは怖かったそうだ。

「爺さんが九十一歳で死ぬ時は、まあ老衰やったけど、何か分かっとったみたいでねえ、今日死ぬいうことが。その日は先祖の日やったからね」

「先祖の日?」

「そう。代々うちの家は決まった日に当主が死ぬことになっておって。だからその日が先祖の日いうのや」

命日が全部同じ日になるとは、いったいどういう定めなのだろうか。

*

このおかべの若女将《おかみ》は座敷わらしを見たことがある。

「あれはこっちに戻ってきてからだから二〇〇三年の暮れのことですね」

その日、朝からの仕事を終えて一息入れていると、広間のほうから何か音が聞こえてきた。

〝ぱたぱたぱたっ〟

誰かが走り回るようにも聞こえる。何だろうと若女将は大広間のほうへ顔を出すと、見知らぬ子供と目が合った。

「誰？」

その子はおかっぱ頭で着物を着ている。花柄の着物はいかにも現代の物ではない、古くさい感じがした。その子供はしばらく立ち止まって若女将を見ていたが、〝ちぇっ！　見つかったか〞という表情で、ぱたぱたと仏間のほうへ消えていった。

「その子、はっきりとは見えないんですよ。ぼんやりした感じでしたね。着物の花柄模様は分かるけど、色は分からなかった」

若女将に特に怖いという感情は湧かなかった。そのまま大広間を離れて仕事を再開すると、また〝ぱたぱたぱたっ〞と聞こえてくる。

「あれ？　来たかな」

少し期待しながら大広間へ顔を出すと、案の定、先ほどの子供が走り回っている。そして目が合うと〝ちぇっ〞という表情で仏間へ消えるのである。

「座敷わらしだと思いましたよ。それから三年間くらいぱたぱたと遊びに来ていましたけど、今はもう見ないですね」

見なくなった時期は、ちょうど宿の周りでさまざまな工事が始まった時期と重なる。家の周りの木も切られて山の中の雰囲気が損なわれたそうだ。何よりすぐそばまで工事車両が入ってくる環境の変化が大きいのだろう。この件について大女将は心配している。

「やっぱり悪いもんじゃないんですかねえ。お寺さん呼んで拝んでもらったほうがええんじゃないか思うんですよ」

若女将の話からすると、それは無邪気なモノで、何の障りも無いようには感じる。実際何度も会っている若女将は、その子がいなくなって寂しく感じているのだから。

座敷わらしが出ることで有名な宿はいくつかあるが、見られるのは大体夜である。泊まった人が夕食を済ませて部屋で落ち着くのが夜だから、しょうがないのかも知れない。しかし何も活動時間が夜限定とは限らない。おかべのように朝型の座敷わらしもいたのである。

幻の巨大石塔

五箇山の酒井眞照さんが古い新聞記事のコピーを見せてくれた。日付は明治二十七年である。その記事は岐阜、富山、石川三県に跨る笈ヶ岳《おいずる》近辺に巨大な石塔が存在することを伝えている。

内容はこうだ。ある一人の猟師が熊を追って山深く入り込んだ。いつの間にか熊を見失い、どこにいるのかさえ分からない状態で彷徨っていると、突然目の前に巨大な建築物が現れたというのである。その規模が尋常ではない。五層の構造で三階までは螺旋《らせん》階段があり、登れるようになっている。中にはたくさんの仏像が安置してあった。何より石塔の高さが二十七メートルもあることに驚く。誰もその存在を知らなかった巨大建築物の話に、新聞記者が取材に訪れて記事にしたのだ。

〝天然石造り希代の塔〟の見出しが、その驚きをよく表している。これが公になると巨大石塔を探しに多くの人が山に入ったが、未だに見つかっていない。ＮＨＫが番組の企画として探したこともあった。わざわざヘリコプターを飛ばしてそれらしき場所を調査した人もいるが、結局現在まで何も分からなかったのである。

「大体、桂の衆は話がでかいと昔から言われているんですよ」

桂地区は富山と岐阜に跨る集落で、そこの人の言うことは大袈裟だと言われているらしい。つまりホラ話だというのだ。とはいえこの幻の巨大石塔話は人の心に響くらしく、酒井さんも長いことこの石塔探しを続けているのである。

「私は岩壁の岩穴がそれじゃないかと思うとるんですよ。あの辺りには修験者が籠《こ》もった岩穴がいくつもありますからね」

酒井さんが撮ってきた現場の写真を見ると、そびえ立つ岩壁に開いた穴は確かにそう見えなくもない。ただし中に入れる訳ではなく、もちろん大広間もない。当然仏像も鎮座してはいないのだ。

*

石塔の謎については現在でも諸説入り乱れているが、最近でも見たと言う人はいる。

「白川で栃餅を作っているお爺さんがいるんですよ。その人は石造りじゃないけど大きな建物を見つけた言うとりますね」

そのご老人も山奥に入り込んだ時に立派な建物に遭遇している。こんな山奥になぜあるんだろうと不思議に思い、中へ入ってみると、広間には荘厳な仏像が六体安置されていた。ご老人はしばらくそこで休憩をして、無事に家路についている。もちろん二度と彼はその場所に行くことは出来なかった。

「いやあ、あの辺りの衆もやっぱり言うことがでかいから……」

酒井さんはそう言うが、これもホラ話なのだろうか。私は彼らが実際にその建物に遭遇したのだと思う。山の中には二度と行けない場所があり、そこへたまたま迷い込んだのだろう。そのような経験者の話は日本国中どこにでもあるのだ。

なお、笈ヶ岳は二百名山の一峰で、登山道が無く積雪期以外の登頂はほぼ不可能らしい。その頂上部からは一五〇〇年代の仏像や経筒、刀などの修験道との関係をうかがわせる物が見つかっている。やはり修験の山は磁場が少し違うのかも知れない。

止まるチェーンソー

富山県西部森林組合のベテラン杣人である前田久義さんの話。

「父親が炭焼きをしよったもんでえ、山の中でいつも遊んどったんや。あれは小学生の頃やったかなあ、目ぇの前を青白い光の玉がすーっと飛んで行きよった」

高さは一メートルくらいで自分の目線とほぼ同じだった。前田さんは初めて見る謎の光の玉に興味津々。そばで作業をする父親に尋ねる。

「父ちゃん、あれは何や?」

「うん? 何や光の玉か。ああ、それはキジや。キジが飛びよる時に羽が静電気で光るんや」

前田さんにはキジの形容などまったく見えなかったが、何でも知っている父親にそう言われて納得したのである。

「火の玉いうんは死体から出たリンが燃えるのと違いますか? 若い頃ね、一人で作業しとったら、森の中に火の玉が出たんですよ。大きさはバスケットボールぐらいで青紫色でしたね。ふわふわっと上がってしゅ～っと飛ぶんですよ」

怖いとはまったく思えなかったから、いったい何があるのかと火の玉の出現場所へ急いで行くと……。

「狐だか狸だか分からんけども動物の死体があったんですよ。あれはこいつの魂やったんかなあと思いましたねえ。それで穴掘って埋めてやった」

山仕事をしていると動物の死体をよく見つけるそうで、そのつど一声掛けてから埋めてやるそうだ。

「お前、ようこんな所で死んどったなあ、可哀想やさけえ埋めてやるわ」

亡骸を埋めると、その上に棒を一本立てるのが前田流の弔い方である。常日頃、山の生き物に対して敬意を払うお陰で大きな事故には遭っていないそうだ。

*

前田さんが中学生の頃、同級生が突然行方不明になった。近所の山々に住民が入りくまなく探したが、その姿は見つからない。何の手掛かりも無いままに数日が過ぎる。誰もが最悪の事態を想定し始めた。

「見つかったんですよ、無事に。それがね、谷間で見つかったんやけど返事もせんかった。すぐそばで名前を呼んで探しとるのに、ぼーっと突っ立ったまんまや。見つけた人が〝お前何しとった？〟言うても、〝知らん、分からん〟しか言わん」

彼の佇まいは尋常ではなかった。ただごとではないと感じた村人が寺へ連れていってお経を上げてもらったそうである。

彼が発見された場所は杉の巨木の下だった。昔から神の宿る木として知られた存在である。それで村人たちは神様に連れてこられたんじゃろうと噂しあった。

＊

「伐採作業に入っとって妙な感じがすることはよくありますよ。切らんといかん木に近づくとね、何や足がこうふわ～っとなる感じがしてね。浮き足立ついうんか、それでも何とか行こうとすると、今度は襟首を掴まれたみたいになるんですわ」

しかしその木を切らねばならない、仕事なのだから。力を振り絞り、その木に近づくとチェーンソーのエンジンを掛ける。今まさに刃が木に食い込もうとした瞬間……。

「止まるんですよ、エンジンが。ぴたっとね。ああ、やっぱりこれはあかんなと思いますよ」

「どうするんですか、そんな時は」

「仕事で切らんといかん訳やからね。いったん道具下ろして木に手を当てるんです。それからお祈りしてね、どうか切らせてくれ言うてお願いするんです。決して無駄に使うようなことはせんから無事に倒させてくれってね」

しばらく木に話しかけて説得をした後で、エンジンを掛けるとそのまま切り倒した。このようなことは珍しいことではない。やはり周りよりも大きな木は何らかの力を持っているらしい。これに類似した話は松本や奥多摩地区の林業従事者にも聞いている。杣人共通の体験なのだろうか。木以外にも、何か分からないが嫌な気持ちになる場所は多い。

「ある集落のお宮さんでね、木を切りよったんです。境内に少し窪んだ所があって、そこへ近づくと足元がふわ〜っとするんですよ。あっ、これはあかんは思うて、みんなの作業をやめさしたんです」

皆に休憩をさせている間に集落の長老格の家へ向かうと、例の場所の謂れを聞き出した。すると案の定、そこは集落の火葬場だったのである。もちろん当時はすでに使用されていないが、その跡地は残されていた。

「線香と蠟燭持って、そこで手を合わせたんよ。こういうことはよくあるんや。家の跡地に一本だけ残った木を切ろうとした時もそうやった」

ある旧家で、今は建物も取り壊され敷地だけになった場所があった。端には大きな木が一本だけ残され、更地にするために伐採を頼まれたが……。

「やっぱりどうしても切れん。何やろうか思うて話を聞いたら、そこの跡取りが自殺して、それで空き家になったそうや。木にも道具にもワシは魂が入ると思うんや。だから若い者にもそう言うんやけど、機械に魂が入るとは思わんのやな、連中は。ワシは機械にも魂が入るから跨ぐことは絶対にせん」

＊

前田さんが子供の頃は野焼きの火葬だったそうだ。

「なぜか知らんけど、ワシはいつも火の番をさせられてね、子供の時からよ。あれは大変なんや、なかなか焼けんから……」

ちょうど作業場から降りてきた仲間たちが火葬話に加わる。

「おお、そうや。腹の所は生焼けになるさけえな。こうほぐして焼かなあかん、バーベキューみたいなもんやで」

ああ、やっぱり火葬は恐ろしい。

＊

伐採現場で話をうかがった際、別れ際に前田さんが車の後部ドアを開けて見せてくれた。左右のスライドドアの窓には観音様の絵が貼ってあった。

「大怪我せんように山のあらゆる命に感謝してな、やっとるんよ。そのお陰かどうかは分からんけど、今のところは無事やなあ」

ちなみに前田さんは、いわゆる見える体質である。

最新科学と交差する謎

岐阜県の旧神岡町（現飛騨市）は古くから鉱山の町として栄え、今はスーパーカミオカンデが有名だ。再現された神岡城から眺めると四方を山に囲まれた地域である。交通の要衝でもある神岡町で百八十年続く旅館の主、茂利《しげり》昌彦さんに聞いた話。

「家の裏が寺と神社で、子供の頃から両方に遊びに行きよりました。和尚から寺の跡を継がんか言われたこともありますよ」

茂利旅館は創業以来三度の大火に遭っている。現代の建物は戦前の造りで、入口付近には囲炉裏《いろり》が切ってある。その端に座り、見上げると複数の神棚が祀ってあった。

「すべて神棚は入口に向けられているんですよ。こういう商売は多くの人がやって来るでしょ。そうするとね、中には悪いモノを付けてくる人もいるんです。そういうのが入ってくると他のお客さんに迷惑じゃないですか。だからこうして神棚祀って御札《おふだ》を貼るんです」

商売繁盛の目的ではなく、魔除けのための神棚だというのである。茂利さんはどこに行くにも般若心経と祝詞《のりと》をかならず持参する。何か妙な感じがすると、それを出して唱えるそうだ。

＊

ある夏の夜、茂利さんは寝苦しくて布団から這い出ると裏の寺に向かったことがある。

「暑くてね、寝られんかったからゴルフクラブ持って境内で素振りをしとったんですよ。時間は一時過ぎくらいですかねえ」

暗闇の中でクラブを振り回していると、どこからか複数の子供の声が聞こえてきた。夏とはいえ真夜中である。子供だけで遊び回っているのかと不思議に思い、素振りをやめて辺りを見渡した。

「それがね寺の本堂なんですよ。真っ暗な本堂から子供の声がするんです。何じゃろう思うて耳を澄ましたら大人たちの声もするんですわ」

誰もいないはずの本堂から、子供が楽しそうに走り回り、大人たちが賑やかに話をする様子がはっきりと伝わってきたのである。不思議なこともあるものだと、翌日和尚にそのことを話すと……。

「寺には亡者が集まってくるもんだと言われましたね。そういう場所なんだと。それは決して怖いもんじゃなくて、落ち着く安心出来る場所なんだと言われました。自分もそこに最後は入る訳だから、恐ろしい所じゃないんでしょうねえ」

＊

本堂ではこんなこともあった。それはある夜のこと、茂利さんが本堂で和尚と一杯やっていると、玄関の戸がカラカラと開く音が聞こえた。

「誰か来たんか？　こんな時間に」

「ほお、あれが聞こえたか、それは良い経験じゃあ。そろそろ○○さんが来る頃だからなあ」

和尚が言うには、今日明日の命と言われている檀家さんがいて、その人が今し方亡くなったらしい。

「寺はこうしてみんなが帰る場所だから怖くも何ともない。良い所なんじゃあ」

和尚に言われて茂利さんは寺がますます好きになったそうだ。

＊

この本堂からは集まった亡者が周りに繰り出すこともある。御年八十三歳になる茂利さんは時々飲み歩いて午前様も珍しくないが、ある日、奥さんに妙なことを言われた。

「あんた帰った時、誰と話しとったの？」

「えっ？　いいや一人じゃ。誰とも話しとらん」

二人は顔を見合わせた。奥さんは家の裏から女の人たちの賑やかな話し声を聞いている。てっきり酔った夫が誰かと話しながら帰ってきたと思ったのだ。しかし実際には誰もいない。きっと本堂に集まった亡者たちが帰り際に横を通ったのだろうと茂利さんは思っている。

＊

神岡町は四方を山に囲まれている。朝日が当たる山（西側）には天狗が棲み、夕日が当たる山（東側）は仏の場所であり、南側の山は観音様、そして北側の山は修験の地だと言われている。特に北の山には入ると出られない所があるので気をつけないと危ないそうだ。

「この西側の山にはUFOがよく出るんですよ。私は何回も見ております」

茂利さんが初めてUFOを見たのは随分と前のことである。それ以来、空を注視する癖が付き、その結果頻繁に見るようになった。ある時は娘さんと二人で、またある時は家の裏で複数の人たちと見ている。オレンジ色のUFOだったり、銀色で不可思議な動きを繰り返すUFOなど、さまざまな形態があるそうだ。

「この辺りじゃ小学校でたくさんの生徒がUFOを見ているんですよ。ああいうモノは何かは分からんけど当たり前にあるんでしょうねえ。見たことの無い人は信じませんけどね、あるんですよ、間違いなく」

天に昇る煙

日本各地で見られる謎の火の玉は、狐火や人魂などと呼ばれている。原因としてよく挙げられるのが、リンが燃えたからだというものである。昔は土葬だったから、埋葬された死体からリンが発生して、それが燃えるらしい。しかし中には、「動物性のリンは燃えない、燃えるのは鉱物性だ」と自説を唱える人もいる。結局のところ火の玉の正体は分からないというのが正しいだろう。

土葬墓は子供たちにとって常に恐怖の対象である。あの下に死体があると思うだけで足がすくんだはずだ。では火葬で怖い思いはしなかったのだろうか？　答は否である。

＊

これは私の義母が新潟県で学童疎開中の出来事である。親戚筋に不幸があって彼女も葬式に参列することとなった。田舎で経験する初めての行事は、いったい何をするのか興味津々である。葬式を終え棺桶を担ぐと、親戚一同がしずしずと田舎道を歩いていく。街中で育った義母には、野辺送りの光景は新鮮で美しくも見えた。しかし……。

「焼き場に着いたけど何も無い所なのよ、ただの野原。そこに薪が積んであって、その上に棺桶を乗せたの」

まさかこのまま火を点けるんじゃないだろうなと思っていると、案の定、男たちが薪に火を点けだした。

「段々火が強くなってきて、少しずつ棺桶にも回るようになってきてね……」

初めて見る露天焼きに目がまったく離せなかった。棺桶の外側が火に包まれてしばらくすると、焼けた〝たが〟がぱちんと弾ける。

「そうしたら棺桶がばんって爆発するみたいに開いて、中に入っていた人が燃えながら〝ぐわあああっ〟て立ち上がったのよ。あれは凄く怖かったわ」

これは土葬よりかなり恐ろしい!! しかし集落の者たちには別段変わった出来事でもなく、落ち着いた顔で眺めていたのである。

＊

岐阜県の旧丹生川村《にゅうかわ》（現高山市）は、岐阜県でも奥まった所に位置するどん詰まりの集落である。今でこそ平湯トンネルが出来て長野県側へ移動することは容易だが、以前は冬季に孤立することも珍しくはなかった。乗鞍岳登山やスキー場で賑わうこの地で民宿を営む中嶌さんの火葬話。

「お爺さんが亡くなった時に、いったいどないするんやろ思うて見とったの。大切なお爺さんやったからねえ。棺桶は誰かが死ぬと近所の人が造るんよ。その中にお爺さんを入れるんやけど、それが一苦労。足や腕が固まってしもうとるから、みんなで無理矢理に〝ばきばきっ〟て入れるの」

当時は今と違い、寝棺ではなく座棺である。寝かせてあったお爺さんをそこへ座らせるのは容易なことではない。だから関節を折ってでも入れなければならないのである。

「それから焼き場へもついていったの。大事なお爺さんやからねえ、どうされるんか思うてね」

焼き場は集落から少し下った野原だった。そこの真ん中へ棺桶を下ろすと、その周りを大量の藁《わら》で覆って火が点けられた。この地域では薪を使わずに藁だけで焼いたそうである。

「ゴウゴウ燃えだしてね、別にそれは怖いとか恐ろしいとかは思わなんけど、においがね」

人の焼けるにおいは強烈だった。あまりの臭さに中嶌さんの嗅覚には未だに深く刻まれているそうである。

「なかなか人は焼けんもんでねえ。丸一昼夜はかかるから、何回も火の様子を見に行かんといけん。真夜中でも焼き場へ行く必要があって、近所のおじさんなんかそうしよった。その人が言いよったけど、ブスブス燃えとる所から時々〝助けてくれ～っ〟て聞こえるんやと」

やはり火葬は土葬よりかなり恐ろしい。

＊

この火葬場は道から少し下った所にあった。通りすがりの人が直接目にするような場所ではない。ある時、地元の人がそこから煙が上がっているのを確認した。

「あれ？　おかしいなあ、今日は誰も焼いちゃあおらんはずだが……」

不審に思い道を下って驚いた。

「観光で来た人がね、バーベキューをしとったんよ。その頃は少しでも棺が焼けやすいようにいうて石を竈《かまど》みたいに組んどったからねえ。そこで肉焼いとった」

知らないというのは実に恐ろしいことをするものだ。

「昔は焼いた煙が上のほうへ流れると次はそこの人が、下へ流れるとそこの人が次は死ぬ言いよったもんや」

この野焼きは昭和四十年くらいまで行われていたそうである。

小さな帽子

石川県はジビエをはじめとした野生獣の活用に力を入れている県だ。中でも白山周辺で獣肉の普及に努めているのが〝白山ふもと会〟である。そこに籍を置く有本勲さんは、もともとは野生動物の調査や管理を行う専門家である。学生時代から発信器を付けた熊を各地で追いながら、その生息域や頭数を調べていた。

「奥多摩で熊の生態調査をしていた時なんです。いちいち通うのも大変だから研究室で地元の家を一軒借りて、そこに寝泊まりをしてたんですよ」

最近まで一人暮らしのお年寄りが住んでいた家だった。彼女が施設に入り、空き家になったばかりの物件を借り受けたのである。直前まで人が住んでいたから状態は悪くなかった。古くても清潔で使いやすい、ただ部屋の中に人形が置いてある点を除けば。

「寝起きする部屋にフランス人形が置いてあるんですよ。それが結構気持ち悪いんです。部屋にいる間中、目が合う気がして……」

お婆ちゃんが残していったフランス人形である。勝手に捨てる訳にもいかず、しばらく我慢をしていた。しかし毎日目が合うのは耐えられない。有本さんはとうとう人形を押入れの奥へと仕舞い込んだのである。それからしばらくしたある日、調査から帰り薄暗い部屋の電気を点けると……。

「最初はよく分からなかったんです、それが何かは」

明るくなった部屋の真ん中には白い小さな物体があった。何だろうとそれを手に取った瞬間、背筋に悪寒が走った。

「帽子なんですよ、小さい。あのフランス人形の帽子だけが、部屋の真ん中に忘れたみたいに落ちていたんです」

道無き山奥でも調査に入る有本さんは、特に怖い思いをしたことは無いという。ただこの一件を除けば……。

線香のにおい

　これは現在石川県に住む佐藤真理子さんに聞いた話。佐藤さんは若い頃から本格的な登山を志す人である。若い頃は関東地方で働きながら地元山岳会に所属して、名だたる名峰、難所を極めてきた。

「山岳会で仲が良くて一緒に山に登った友達がいるんです。男性なんですが、その中の二人が谷川岳の一ノ倉沢で亡くなった時はショックを受けましたね」

　突然の別れは悲しむ間さえない。事故死は特にそうなのだ。しかし葬式などで慌ただしい数日が過ぎると、嫌でも日常に引き戻される。それが悲しみを癒す時間の経過だと分かっていても、気持ちは落ち込んだままだった。

「ある日、誰もいないオフィスで仕事をしていた時のことなんですが……」

　時刻は夕方近かっただろうか。たまたま人影の無いオフィスでぽつんと机についていると、何かの香りが鼻腔に入るのを感じた。それはオフィスでは嗅いだことのないにおいである。

「あれ？　何だろう、このにおい」

佐藤さんは顔を上げて周りを見回すが、どこからそのにおいが流れてくるのか分からない。しかしその正体にはすぐ気がついた。

「お線香のにおいなんですよ、それ。辺りに煙なんてもちろん見当たりません、においだけするんです」

無人のオフィスで、もちろん線香をあげる人などいるはずもない。しかし佐藤さんにははっきりと分かったのである。

「ああ、あの人たちが来てくれたんだなあ」

その線香のにおいは、彼らの葬儀で漂っていたものと同じだと確信したのである。

*

しばらくして佐藤さんは四人のパーティーで谷川岳へ向かった。気象条件は決して悪くない。順調に岩肌を摑み、確実に高みへ向かいつつあった。

「ちょうど第三スラブの上に登った時です。小規模ですが落石にあって、致命傷は何とか免れたんですが……」

落石から身を守りながら、しばらく落ち着くのを待つ。静かになった岩壁で仲間の安全を確認すると全員無事だった。しかしほっとしたのも束の間、自身の身に異変が起きていることに気がついた。右足に力が入らない。痺れているようだった。

「段々血が滲んできて、これはまずいと思いました。場所が場所ですからね」

裾を捲くってみると、膝上はぱっくりと割れ血が流れ出ている。痛みはあるが骨折はしていないようだった。佐藤さんは傷口を止血すると一休みしてから登ることを決断した。

「結局登り切ったのが午後十一時頃でしたね。それからヘッドライトの明かりを頼りに縦走を開始したんです」

骨は折れていないとはいえ、かなりの深手である。歩く速度はまったく上がらず、苦しい縦走となった。

「午前二時頃ですよ。何もない草むらで休んでいたら、またあのにおいがしたんです」

それは記憶に残る線香のにおいだった。佐藤さんは同じ谷川岳で遭難死した彼らがそばにいると感じた。

「きっと私に警告しているんだと思いました。もう岩登りはやめたほうが良いよと言ってるんだと」

この線香のにおいは佐藤さんにしか分からなかった。それが自分に対する警告だと受け止めた理由でもある。この後も佐藤さんは山を登り続けているが、岩登りだけはきっぱりと縁を切ったそうだ。

悪いモノ

　これは佐藤さんの親しい山仲間に起こった出来事だ。彼女たちは女性登山家として名のある立場でもある。その彼女たちが三人のパーティーで仙ノ倉山に登った。土樽駅から入山して仙ノ倉山北尾根を進むコースである。

　上級者でもある彼女たちには比較的楽な山入りだ。足は順調に進み、予定通りにテント場へ着くと野営の準備を始めた。風が心地良く吹き抜ける。暮れゆく空は残照が美しく、簡単な食事もご馳走に思えた。これもまた山の魔法である。テントの中に入ると仲間の話、仕事の話、山の話と尽きることのない会話は楽しい。こうして徐々に山の夜は更けていった。そろそろ寝る態勢に入りかけた頃、一人が急に起き上がり、

「いるね」

　と一言漏らす。もう一人も起き上がると暗闇を見透かすような目で見つめる。

「うん、いるね。何か来たみたいだよ」

「どうしよう?」

二人は考え込んだ。しばらく沈黙が続く。

「これは駄目だよ」

「だよね、よし撤収!!」

いきなり二人はシュラフから飛び出ると、凄い勢いで片づけを始めたのである。可哀想なのは何が何だか訳が分からない状態にされた残りの一人である。

「えっ? 何? 何があったの? えっ? 今から移動するの? なんで??」

「いいから行くよ!」

ベテランの二人にそう言われては従うしかない。大慌てで夜中の移動となったのである。この時二人は異常を察知していた。何かがテントの周りを彷徨っている気配をはっきりと感じていたのである。後に佐藤さんはこの時の撤収理由を聞いている。

「何か悪いモノがテントの周りにいて、それがぐるぐる回っていたそうです。二人はそういうのが分かる体質なんですが、一人は全然感じない人で……」

感じないのは決して悪いことではないのかも知れない。見ぬ物清し、知らぬが仏、なのである。谷川岳は限られた範囲での遭難や滑落などによる死者数が世界一で、ギネスブックにも載るくらいに危険な山なのだ。並の山とは違うのである、何もかもが。

見知らぬタツマ

これは三重県松阪市の中島毅さんから聞いた話だ。中島さんは猪犬《ししいぬ》訓練所を運営するベテラン猟師である。中島さん自身には不思議な出来事は無いというが、仲間からはいろいろな体験談を聞いている。

「関（岐阜県関市）の猟師がな、猟場でおかしなモンを見た言いよったなあ」

それは猟期に仲間数人と山へ入った時のことだ。綿密な打ち合わせを済ませて、それぞれが配置に付くために歩き出す。ある一人の猟師が自分の持ち場へと木々の間を登っていくと……。

「あれ？　誰や」

弾む息のまま斜面を見上げると、自分が付くはずの場所にすでに誰かが立っているではないか。

「ありゃあ、今日は他のグループも入っとるんか？　困ったなあ」

先に入られたら仕方がない。無線を取り出すと連絡を入れた。

「誰か先に入っとるから、ワシは尾根のほうへ移動するわ」

無線を受けた仲間はその意味が分かりかねたが、深く追求はせず猟を開始したのである。山々を駆け巡り、一日の猟も無事に終わり、夕方の飲み会が始まる。その日の反省や過去の蒸し返しと、いつもの宴は楽しかった。だいぶ酒が進んできた頃に一人の猟師が思い出して言った。

「あれ、そういえば今朝な言いよったろうが、あれはどういう意味なんや」

「おお、誰か入っとるって言うとったな、誰やそれは？」

「あれか？　あれはワシがタツマに付くはずだった所にな、先に誰かおったんや。それでワシが他に移ったのよ」

これを聞いて皆が妙な顔をした。

「今日あそこに入っとったんはワシらだけやで。それ見間違いちゃうんかい」

見間違い……いやそんなことはない。その男はオレンジベストこそ着ていなかったが、銃を持った猟師にしか見えなかったのである。しかしこの日、その現場へ入った狩猟グループは他にはなかった。

「もちろん他に車も入っとらん。そのグループ以外は誰もおらんはずなのに、知らん奴が立っとったいう話や。これね、実は他にも三人の猟師が見とるんや、その男を。それもまったく同じ場所でなあ」

＊

中島さんは不思議な体験は無いと言うが、いわゆる火の玉の目撃体験はあるそうだ。

「あれはバレーボールくらいやったなあ。山の中で飛んどるのは見たよ。まあ結局リンが燃えただけじゃねーかなあ」

これは中島さんの知り合いの猟師が二人で山へ入った時のことだ。その日は天気も悪く早めに猟を切り上げて下山を始めると、

「おい、あれ！」

一人が樹上を見上げて震える声で言った。

「何？」

もう一人が見上げると、薄暗い森の中に明るい光の玉がゆらゆらと飛ぶのが見えた。二人は固まったまま謎の物体を見つめていた。しばらくすると、耐えられなくなったのか一人の男が銃を持ち上げた。そしてその光る玉へ狙いを定めたのである。

「お、おい‼　やめえ、アホ！　撃ったらあかんで！」

相方が必死で止める。

「あんなもん撃ったら何があるか分からんやないかい」

発砲を免れた光の玉は、しばらく男たちの上をゆらゆらと飛んでいたそうである。

撃つといったいどんなことが起こったのか、少し気になる。

虫捕り

滋賀県大津市で〝猪ゲルゲ／たこゲルゲ〟という店を開いている西村哲太郎さんの話。

西村さんは罠猟師として自分で捕った鹿や猪を店で提供している。子供の頃からクワガタ捕りが好きで、今も夜の山をよく歩くそうだ。

「あれは少し前の話ですけど、山で方角が分からんようになったんですわ」

夜の山中で道に迷うのは別段不思議なことではないように思えるが……。

「僕は基本的に一人で山へ行くんですよ。その時はたまたま友達と二人で石山のほうへ入ったんです」

場所はいつもの通い慣れた山だ。車を止めた所から入り、送電線の鉄塔の下を通る。そのまましばらく登っていくと少し開けた所があり、そのそばに大きな倒木がある。

遠方からは名神高速を走る車の音がひっきりなしに聞こえてきた。

「夜の十一時前やったですかねえ、そろそろ帰るか言うて目印の木を探したんです」

真っ暗な山の中で見えるのはライトに照らされた狭い範囲だけである。確実に帰路を確保するには、いくつかの目印が必要なのだ。苔むした大きな岩、見慣れた木や倒木、それらが揃うと帰り道は自ずと明らかになる……はずだった。

「それがね、着かんのですわ。いつまで歩いても車の所に行かない。あれおかしい思うて道を探すんですが、結局同じ所をぐるぐる歩き回っとるんです」

友達は初めての場所なので何も疑問を感じていないが、西村さんは段々不安になってきた。ものの二十分もあれば車に着けるはずなのに、かれこれ一時間以上は闇の中を彷徨っている。

「いやあ、焦りますよねえ。ぐるぐる回りながら途中で妙なことに気がついたんですわ。名神高速の音がね、普段は右側から聞こえるんですよ、降りる途中で。それが反対側から聞こえてきてね、これはおかしいと思ったんです。そいで友達にも確認したら、やっぱり左側から聞こえる言うんです」

迷った原因はこれだったのか？　普段は目印の木を背にして降りると右側から名神高速の音が聞こえてくる。それを頼りに進むと、ほどなくして車の場所に着くのだ。しかし今日は違う。いつの間にか名神高速が引っ越しでもしたかのようだった。結局二時間以上闇の中で悪戦苦闘して、二人は何とか車に辿り着いたのである。

「山の中で不思議なことってあるんですかねえ？　先輩猟師の人はようあるって言うんですよ、絶対に殺せない鹿がいるとか。それは銃を構えても引き金を引けなくなるらしいんです。あと切ったらいかん木を切って急死した人の話も聞いたんですが、あるんですかね、そんなことが」

立ち上がる光柱

奈良県の中央部から三重県、和歌山県にかけて広大な山岳地帯が広がっている。決して高山ではないが峻険であり、役小角《えんのおづぬ》（役行者）が修験道を開いた所もある。吉野から熊野へと続く山岳ルートは大峯奥駈道《おおみねおくがけみち》と呼ばれる行者往還だ。日本一面積の大きな十津川《とつかわ》村をはじめ、複数の村が固まっている奈良県南部は、山と生活、そして信仰が堅く結びつく地でもある。

＊

吉野川の源流域が広がる奈良県川上村には日本最古の植林地がある。そこには樹齢四百年を超える杉や檜の巨木が残り、見る者を圧倒する。そんな川上村の高原地区で話を聞いた。

「怖かったんはやっぱり伊勢湾台風やね。二百人しかおらん集落で五十九人が死んだんやから、そら恐ろしいわ」

高原地区は昭和三十四年の伊勢湾台風で壊滅的な被害を受けた。集落が大規模な山崩れの直撃を受けたのである。その直撃が庭先をかすめて九死に一生を得た人がいる。彼女が朝起きて窓の外を見ると、見慣れた風景はすべて無くなっていたそうだ。

「何軒も家があって畑もあったのに、全部無くなってしもうとった。行方不明の人もようけおるんやけど、そのまんまや」

変わり果てた故郷を毎日眺めるのが彼女は苦痛でもあった。集落の復興は遅々として進まず、台風から四年が過ぎても家の前はあの日と変わらなかった。

「あんまり気持ちのええもんとはちゃいますやんか。埋まったままの人もおるんやさかいねえ。昭和三十九年頃やったんかなあ。窓から外を見とったら、光が空に向かって立ち上がってね」

真っ暗な荒れ地から一本の光が天高く登るのが見えた。直径は一メートルほどで、真っすぐに立ち上がるとしばらくして消えてしまった。あまりのことに彼女は震え上がり、このことは誰にも話さなかったそうだ。

「そらそうですやろ。あんだけ人が死んだ場所やから恐ろしい、家のもんにさえ話せえへんかったんやから」

これを聞いていた彼女の母親は、

「そんなことあったん？　何で話せえへんのや」

「そやかて怖いやんか。おかあちゃんかて聞いたら怖なるやろ」

「……そやな、聞いたらやっぱり怖いわ」

見ぬ物清し、知らぬが仏である。

ミミズ素麺

「川上村の昔話」という冊子を頂いたのでパラパラとめくっていると、気になる話があった。わずか五行の短い内容だが、それは間違いなく神隠しの類いである。場所は前述の高原地区だ。話を聞いていくと神隠しにあった人の関係者に会うことが出来た。御年八十六歳になる中辻ミエ子さんの話。

「おらんようになったんはコトメ婆のことやなあ。あれは私のお婆さんの妹やから、だいぶ前の話やで」

今から百六十年ほど前、幕末から明治時代初頭の出来事だ。当時六歳ぐらいだったコトメさんが、庭先で遊んでいたのを家人が見たのを最後に行方不明になってしまったのである。

「煙みたいに消えてしもうて、もうえらい騒ぎになったらしい。コトメさん探すんでみんな集まってなあ、バケツや桶をガンガン叩きながら集落の周りを回るんや。〝コトメさんをかやせ〜〟言いながらな」

集落中をくまなく探したが何の手掛かりもない。傾き始めた日を見てみんなは焦り始めた。もし山中へ入っていたら最悪の事態も覚悟せねばならない。そこで本格的な山狩りを始める前に再度集落の中を探すことにした。

「コトメさんをかやせ〜」

何度も探した所を見回りながら誰もが諦めかけた頃、

「おったぞ！　おった、コトメがおったあ!!」

山にこだまするくらいの大声が上がった。コトメさんは見つかったのである。それも家のすぐそばの神社で。

「それがな、口いっぱいに何かを頬張っとるんやで。何やと思う？　ミミズなんや。口からようけミミズが出てきてな、それからゲーゲーぎょうさんミミズを吐いたんや」

コトメ婆の話によると、誰かは分からないが優しそうな人に連れていかれ、素麵《そうめん》をご馳走になったというのである。もちろん実際に食べていたのはミミズだった。

「あれは狐の仕業なんやろか？　狐がそんなことするもんなんかなあ」

ミエ子さんは今でもコトメ婆のことを時々思い出すそうである。

＊

柏木集落に住む浦本政一さんも狐の話をしてくれた。

「私の姉が小学生の頃やったですね。金剛寺に行った帰りに山道歩いとったら、いつまで経っても家に着かん。一本道ですさかいにね、迷うような所は無いんですわ。それでも辿り着かんで山の中をしばらく彷徨って、あれは狐のせいや言うとりました」

集落の人が鯖《さば》を持って歩いているといつの間にかそれが無くなっていたりと、各地で聞く狐の悪戯はここでも健在だった。

昔は車道などなく、細い山道をひたすら歩くしかなかった。それは夜でも同じである。用事があれば夜中でも真っ暗闇の山の中を歩くことは珍しいことではない。

「私は若い頃、電報の配達もしよったんです。そうすると夜中にね、ウナ電って分かりますか？　至急電報の依頼が来るんですよ」

至急電報は直ちに届けなければならない。配達先はいつも決まって同じ場所である。

「ここから八キロくらい離れた所に三之公《さんのこう》いう所があるんです。南朝の史跡なんですが、そこに作業場があってね、いつもそこなんですよ」

実はこれ、電報を打つ人も受け取る人も同じなのだ。夜中に八キロも山の中を一人で歩くのが怖い作業場の人がウナ電を頼む。そうすると配達人が向かうので、それと一緒に山道を登っていこうという作戦なのである。当然帰りは配達人一人になるのかと思うとそうではなかった。

「夜中ですさかいな。山道は危ないから、そういう場合は二人で行くようになっとるんですよ。だから行きは依頼人と三人で登って、帰りは二人なんです」

怖いものは怖い。少しお金を出してでも道連れは欲しいのである。

山寺の騒ぎ

川上村の粉尾《そぎお》集落の中で高所に位置する小さな寺で聞いた話。現在この寺を一人で守っている上野美智子さんは奈良市の生まれである。お父さんが住職として粉尾に来てから、ずっとこの寺に暮らしている。

「子供の頃に父がね、よう言いますねん、近々誰かが死ぬって。そいから二、三日するとやっぱり誰かが死ぬんですわ。何でそないなこと分かるねん?って父に聞いたらな、誰かが夜中お参りに来よった言いましてね。子供やったさかいに私は分からんかった」

＊

美智子さんは成長するに従って予兆を感じることが増えたそうだ。ある晩のことである。居間でコタツに入ってくつろいでいると、本堂のほうから大変な音がした。

「〝ガラガラガラ、ガタン、ガタン〟いうてね、物凄い音やったんです。ああ、阿弥陀《あみだ》さんでも仏さんでもみんな倒れてしもうた、思いましたね」

静かな寺の中に響くけたたましい音に、家族はびっくりして本堂に駆けつけたが……。

「何ともあらしまへんのや。しーんとしとる。ああ、誰かが来たんやなと思いましたね」

翌日、近所の人が山仕事の最中に亡くなった。ワイヤーでつり下げた大木が外れて、その人を直撃したのである。

＊

「きい婆の時も不思議なことはありました。亡くなる一週間くらい前に妙な音がしたんですわ」

近所の人からも、その音については尋ねられている。

〝今日は誰かの法事なのか?〟

〝あんたんとこ、水でも漏っとるんやないか?〟

もちろん法事はないし、水道管も壊れてはいなかった。

「それが本堂から鐘の音がしよるんやけど妙な音でね。普通カーンいうのに、何かこう〝ぶぅおお〜ん〟って地の底から聞こえるみたいな気色悪い音やったんです。それからしばらくして、きい婆が死んだんです。この寺は不思議な寺やってみんなに言われてますわ」

住職であるお父さんは五十代で亡くなっている。毎年真冬になるとわらじ履きで寒行に出掛ける父の姿を美智子さんはよく覚えているそうだ。

「〝寒いのになんでそんなことすんの？〟聞いたことがあるんですよ。そうしたら父が〝それなりの器になろ思うたら、これぐらいせんとあかんのや〟言いましたね」

親戚が事故に遭い、死にかけたことがある。美智子さんが病院に駆けつけると、瀕死の彼が口を開いた。

「あんたの顔の横に……仏さんが見える」

それから彼は急激な快復を遂げて一命を取り留めた。美智子さんが連れてきた仏はお迎えではなかったようだ。

＊

高原地区の寺のお母さんも似たような話をしてくれた。

「私はあんまり感じませんのやけど、息子はいろいろ見るんですよ。〝夜中にお婆さんが本堂でお参りしとったけど、あれ誰?〟とか、何回もあるんですわ。あとは祭壇の木槌がね、落ちると人が亡くなりますね。これは不思議なんです。引っ掛けてあるから簡単には落ちんのにね」

この木槌と亡くなる人の因果関係は、確率的にほぼ百パーセントということだ。

オオカミと蛇

ニホンオオカミが最後に捕獲されたのは東吉野村である。そのためかニホンオオカミ絶滅の地と勘違いされるが、あくまでも捕獲されたのが最後であって絶滅地は分からないのである。その証拠に東北各地で昭和初期までニホンオオカミの遠吠えが聞こえていたという証言は多い。それはこの奈良県山中でも同様なのである。

入之波《しおのは》温泉の近くに住む中平寛司さんは、山仕事五十年、狩猟五十年のベテラン山人だ。

「わが（自分）の親父も猟をしよったぞ。火の玉？　ああ親父は山の中で火の玉見てからそれを追いかけていきよったな。わがはそんなもん見たことは無いな」

火の玉を追いかけるとはなかなか剛胆なお父さんだったようだ。そんなお父さんでも気持ちが悪いと感じることはあったらしい。

「夜、山の中を歩いとって向こうから女の人が来ることがあるんやけど、それが挨拶をせん時はやっぱり気持ち悪い言いよったなあ」

ほとんどが顔見知りの山村で挨拶をしないのは余所者《よそもの》くらいなのだ。ましてや夜中に一人で歩く見知らぬ女性となると、それがこの世の者なのかどうかも怪しい。剛胆なお父さんですら身構えたのである。

中平さんのお爺さんは山の中でニホンオオカミの遠吠えを聞いているが、その声を聞くと一緒にいた犬が尻尾を丸めて怯えたそうである。

＊

「わがもよ、怖いと思うことはあらへんのやが、不思議やなと思うたことはあっぞ」

それは付き合いで拝み屋の所へ行った時だ。部屋に入ると拝み屋は頭を抱えて何かから身を隠すように振る舞う。そして盛んに〝怖い、怖い〟と言う。

「〝何や?〟聞いたら、あんたから鉄砲の弾がどんどん飛んでくるんで怖い言うとるんや。あれは不思議やったなあ。わがが猟しよることなんぞ知らんのやから」

体から常に弾が飛び出しているようならば、悪いモノは迂闊に近づかないのかも知れない。

＊

日本各地で聞く大蛇話は川上村でも聞くことが出来た。柏木地区の浦本政一さんによると、役場の横の迫《さこ》地区で工事をした人がとんでもない大物と遭遇している。彼はダンプで資材を現場まで運んでいたが、太い丸太が林道を塞いでいるのが見えた。

「何やこら、邪魔やでえ」

彼はダンプを降りて丸太をどかそうとしたが、それは丸太ではなかったのである。横たわる蛇のあまりの巨大さにびっくりして彼は逃げ出したそうだ。

＊

高原地区の中辻ミエ子さんは道端で死んでいる蛇を見つけて手を合わせたことがある。可哀想に感じたからだ。

「こんなとこで死んでしもてな、成仏《じょうぶつ》しいや。ほなさいなら」

その場を離れると、近くにいた親戚筋の若い女性に声を掛けられた。

「おばちゃん、ちょっと待ち！」

彼女は中辻さんの後ろへ回ると、背中に手を当て般若心経を唱えだした。何が何だか分からないままに時が経つ。しばらくするとお経はやみ、彼女が忠告した。

「おばちゃん、蛇が憑いとったよ。あんまり変なもんに情け掛けたらあかんで」

「そやかて死んどったから可哀想や思うただけなんになあ」

「蛇は憑くさかい、気いつけたほうがええねん」

中辻さんはそれ以来死んだ蛇を無視することにしている。

十津川村

日本最大の村である十津川村には大峯奥駈道と熊野参拝道小辺路《こへち》の二本の山岳道がある。そこを猟場にする尾中宏彰さんの話。

「山仕事の現場で友達が事故で死にかけたことがあったんですわ。そこはいろいろあって、その後すぐ山火事が起きたりしてね、これはいかんというんで神様（拝み屋）の所に行ったんですよ」

しかし神様は話を聞くなり〝わしをそこへ連れていけ〟と言い出して聞かない。そこで現場へと連れていくことにしたが……。

「連れていったら、突然〝うわわわわわ〜っ！〟叫びだしてね」

薄暗い山の中で狂ったように叫びだす神様は実に不気味だった。呆気に取られて見ていると、神様は唐突に般若心経を唱えだしたのである。

どれくらいの時間が経ったのだろうか、落ち着きを取り戻した神様の話は次のようなものだった。

「この場所はもともと集落間を結ぶ山道やったと。そこで大昔、行者が行き倒れで死んだ言うんです。それが降りてきてこうなったんや言う話でしたわ」

神様に行者の霊が降りてきたとは、何とも神仏習合な話である。

＊

「狸は山ん中でほいほい人を呼ぶでえ」

尾中さんと同じくベテラン猟師の則本隆さんの話。

「山で仕事しとって昼に小屋に帰るやろ、飯喰いに。そうしたらな、誰かが〝おいおい、ほいほい〟言うて呼びよるんじゃ。誰かいな思うて外探しても誰もおらん。そのうちにな、雨が降ってくる音がするんや。屋根にパラパラパラパラいう雨音がな」

もちろん外は良い天気で、雨などは降っていなかった。

＊

則本さんはあまり怖い思いなどしたことがないと言うが、高校生の孫は見える体質らしい。

「村内あちこちで工事やっとるんやけど、そのうちの一カ所はおるんやと。ガードマンが夜立ちたがらんで逃げ出したもんもおるんやで。孫はそれが見えるらしゅうて、何回もそこに自転車放り出して逃げてきよったんや。わが(自分)にはそんなことは無いけどなあ」

自分には不思議なことは無いと言うが、絶対に捕れない猪はいるそうだ。

「そいつは不思議やで。そんな大きゅうはないんやけどなあ、犬が追わんのや。一匹だけビーグル系の犬がおって、そいつは行くんやけどなあ、弾が当たらん。完全に当たる距離なんやけどな、撃っても当たらん。追うていくやろ。追いつめたらこっち向いてじーっと見とる。そいで撃っても当たらん」

これに類似する話は各地で聞いた。これが池や沼ならばヌシということになるのだろうか。山の獣の場合は神がかった存在に感じられるようである。

行者の世界

世界遺産である大峯奥駈道は吉野から熊野本宮までの百五十キロほどの山岳ルートだ。速い人ならば三泊四日で踏破するらしいが、一般的には一週間程度かけたほうが無難のようだ。もともとは修験の道なので鎖場などの難所も多く、水場がほとんど無い地域もあってかなり厳しい道である。そこを修行の場とする行者の田中岳良さんに話を聞いた。

「前鬼《ぜんき》の小仲坊《おなかぼう》で泊まった時でした。あそこは障子《しょうじ》を隔てて濡れ縁があって、その向こうは山なんですよ」

小仲坊は、下北山村にある大日岳近くの前鬼の宿である。行中は午前三時には起きる生活が続くので早く寝る習慣が付いていた。田中さんはなぜか夜中に目が覚めた。暗い庫裏《くり》の中で目を開けていると何かが見えた。それは障子に映るぼんやりとした光だった。

「それがライトみたいなもんとは違いましたね。なんかぼーっとした光で、それが庫裏の周りを動いてるんですわ。それがね、高い。位置が高すぎるんですよ。明らかに人が持っている高さじゃない」

隣に寝ていた若い行者も同じようにその光を見ていた。

「あれ、人にしては背が高うないか?」

「ですよね、人じゃないですね」

二人は庫裏の周りを移動する謎の光をしばらく眺めていた。これは十年ほど前の出来事である。

*

田中さんは寺の関係者で子供の頃から修験道に親しんできた。夏休みには大勢お山に登ってくる講中の世話に駆り出された経験もある。若い頃から先達として多くの信者を率いて行場を回ってきたベテランなのだ。

「道が突然分からんようになったことはありますね。私が案内しとった時に足を痛めた人がおったんですわ。まともに歩けませんからね、何人か先に行かせてゆっくり山降りたんですよ」

普通ならば夕方には宿に着く予定である。しかし足は進まず辺りは真っ暗、時計を見ると午後九時近くになっていた。田中さんたちは足を痛めた人を挟んで慎重に山道を降りていく。すると突然道が消えたのである。

「崖なんですよ。目の前が崖になって降りることが出来へんのです」

これはおかしい。歩きながら木々の枝に付けられた赤い蛍光テープを何度も確認してきたはずだ。基本的に迷う所ではない。

「変やと思うて少し戻ったんですが、いつの間にか道から逸れて山の中に入り込んどるんですわ。不思議でしたね、あれは。みんなで蛍光テープ見ながら歩いとるんですよ。それに途中にロープが張ってあるんです、危険防止用のね、そこも潜って崖のほうに行っとったんです」

*

田中さんは真昼にも不思議な空間に入り込んでいる。

「あれは古道の四寸岩の上で勤行してからでしたね。体重が百キロを超える人がおって難儀したんですよ。それでその人と僕含めて三人が後から行くことにしたんです」

足摺《あしずり》の宿《しゅく》を目指す先発組を上から見送ったが……。

「あれ？　おかしいな、その道ちゃうで」

分かれ道の所から先発組は右へと進み、そのまま森へと消えていった。田中さんが考えているルートとは違うが、さほど気にせずに後をゆっくりと降りていく。そして例の分かれ道に来ると、躊躇《ためら》うことなく左ルートを辿ったのである。

「まあそこからは十五分も歩けば普通は着くんですよ。それがいつまで経っても山の中歩いとるんです。おかしいなおかしいな思いながら一時間以上歩いとる」

いくら百キロ超の人と歩いても、これはあまりに時間がかかりすぎる。これはいったいどうしたことだと考えていると、後ろの人が言った。

「岳良さん、これさっき横通った木じゃありませんか？」

そう言われてみると確かに見覚えのある木だった。いや周りの景色も何度も見たのは確実である。どうやら同じ所をぐるぐると巡っているようだ。

「そこからね、周りがセピア色に見えてきたんですよ。下方に誰か座ってタバコを吸うのが見えましてね、その人が〝遅かったですね〟って声掛けてくれたら、ぱーっと元の世界に戻ったんですわ」

声を掛けてくれたのは先発組の人だった。田中さんたちはそのすぐそばでリングワンデリングに陥っていたのである。やはり分かれ道で間違えたのかを確認すると……。

「いや、分かれ道なんてないんですよ。山の上の一本道なんですわ、そこ」

行き慣れた道で真っ昼間に入り込んだのは、いったいどこの山だったのだろうか。

チャクラ全開の人

田中さんは先達として山入りした時に滑落したことがある。それは同行者が鎖場で落ちかけて宙づりになってしまった時だ。助けようと降りていった田中さんが、まるで身代わりのように落ちてしまったのである。腹から岩場へ落ちた田中さんは動けなくなってしまった。そこで進むことを諦めて他の行者に先達を任せ、自力で宿まで戻ったのである。

「まあ内臓破裂はしてないとは思うけど、かなり酷くて寝とったんですよ。そうしたら仲間の若いのが来てね、部屋に入るなり〝大丈夫ですか？　お腹の中、血ぃで一杯じゃないですか〟って言うんですわ」

まったくもって大丈夫でないのは田中さんにも分かってはいるが、その行者が言うように腹腔に血が溢れているとは思えなかった。

次の日、何とか病院へと辿り着いた田中さんは即日入院となる。エコー検査の結果、若い行者が言った通り腹の中は血で溢れていたのである。

「その人は触診したんですか？　それとも見ただけ？」

「いや、何もしとりません。部屋に入ってきて布団で寝てる私に会っただけなんですわ。そいつはチャクラが開いとるいうんか、分かるんですよ、いろいろ。子供の時にね、母親と近所の店に買い物に行ったら泣きだしてね、〃ここ燃えとるよ～〃言うてね。次の日その店火事で焼けたそうですわ。昔からそういうことが分かるんですね」

＊

行者には不可思議な力が宿っている。それは加持祈禱でさまざまなことを行ういわば超能力であり、それを得るために過酷な修行で自分を鍛えるのだ。しかし中には生まれながらにその手の力を持った人がいて、修行でさらに能力に磨きが掛かるのだろう。私なんぞは何をしようがチャクラは堅く閉ざしたままであり、そもそもチャクラが無いようである。それも楽だが……。

回峰行

回峰行《かいほうぎょう》は行者にとって最も過酷な修行である。中でも千日回峰行は、失敗すれば自死するための短刀を持参したという命がけの行なのだ。田中さんの知り合いが大峯山で回峰行を行った時は不思議なことがあったらしい。

「毎日四十八キロ山の中を歩くんですが、終わりに近づくにつれていろいろなもんが現れたそうですわ。達成の邪魔しようとするんでしょうねえ」

行も終盤に差しかかったある日のことである。真夜中の二時を過ぎる頃、宿を出て厳しい一日が始まるが、それもあと少しで満願となる頃だった。彼はいつものように脳天さん（脳天大神龍王院）を出て山へと分け入った。真っ暗な山の中をひたすら歩いていくと、突然誰かに呼び止められた。

「おい、おい」

ぎょっとして立ち止まるが、もとよりの暗闇である。しばらく目を凝らしたが何も見えなかった。さらに進むと……。

「おい、おい」

また呼び止められた。先ほどよりもかなり近いようである。彼は慎重に声のしたほうへ小さなライトを向けて息を飲んだ。そこには鎧《よろい》武者が立っている。それも全身に矢をびっしりと受けて、まるでハリネズミのようだ。そして……。

「首が無かったそうですわ。それでも〝おい、おい〟呼ばれるんで周りを見たら、すぐそばの岩の上に首が乗っとった」

びっくりして這々《ほうほう》の体で彼は現場から逃げ出した。後日この話を聞いた田中さんのお父さんは不思議がった。

「そこの場所はねえ、昔は地獄谷言うてたんですよ。南北朝の動乱の時の合戦場でね、ようけ人が死んで谷の水が真っ赤になった場所なんですわ。地元の人は知ってますけど、その人は長野県の人でそんなことは知らんかったんです」

あの場所で自殺した、あそこでは事故で人が死んだ。そのようないわく因縁が予備知識としてあると、枯れ尾花でもまさに幽霊に見えるのだろう。しかしこの人はそのような事実をまったく知らずに恐ろしい目に遭ったのである。

大峯奥駈道の南側は明治になって修験道が禁じられたせいで荒れ果ててしまい、一部は山に戻ってしまった。それを整備して世界遺産登録に漕ぎ着けた経緯がある。

「百年以上ほったらかしやったですからね。そこの草刈ったり崩れた所の補修作業をしとったんですよ。ある日ね、朝からずっと作業をしとって五十丁茶屋で一休みしとったんですわ。そうしたら〝ちりんちりん〟って鈴の音が聞こえてきたんです」

この鈴は持鈴《じれい》という法具であり、手に持ったり腰に下げて歩く。その持鈴の音へ田中さんが顔を向けると、少し離れた所に五、六人の姿が見えた。すべて白装束の行者たちである。

「ああ、こんな所も歩く人がおるんやなと思いましたよ」

しかしすぐにおかしいと気がついた。

「そこは古道なんやけど、まだ整備しとらんのです。完全に山に戻っとる場所で、とても人が入れる状態やない。ああ、見たらいかんもん見てしもうたのかなあ思いましたね」

道は無くとも古の行者たちは歩き続けているのだろうか。

*

遭難者が見たモノ

大峯山系は標高こそさほどではないが、急斜面が続き遭難事故の多い場所でもある。特に天川村《てんかわ》から南の山岳地帯は、発見されていない遭難者が未だに複数いるのだ。地元の人たちは、落ちて藪の中に入ってしまうとまず発見は不可能だと言う。山へ入ったまま帰らない人がたくさんいるのも大峯山系の特徴の一つである。

実はこの奈良県山中の取材時、一人の遭難者が山の中を彷徨っていた。彼は十月八日に天川村の登山口から入り、弥山《みせん》の山小屋に泊まったまでは足取りが判明している。しかしそれからは行方不明となり、捜索隊が山々を探していた。たまたま私が泊まった民宿で一緒になったのが、彼の奥さんと同僚の方だったのである。その時点で十日が過ぎ、捜索は打ち切りとなった。奥さんと同僚は諦めがついたのか意外とさっぱりとした感じである。

「まだ子供さんが大学生で可哀想にね」

民宿の女将や役場の人は異口同音に悲しげな顔をした。朝晩は急激に冷え込むこの季節、わずかな食料しか持たず十日以上も生きているとは考えられない。明るく振舞っていた奥さんの顔を思い浮かべながら天川村を後にしたのである。

しかし、何と彼は生きていた!

私が天川村を離れて二日後に登山道で発見されたのである。怪我をしていたが衰弱の程度は軽く、命に別状はなかった。彼はその他の行方不明者と同じく登山道から滑落して、そのまま動けなかったらしい。ただそこにいても助からないと考え、必死で登山道まで這い上がってきて発見されたのである。十三日間も山の中で動けないままに彼はいったい何を見て、何を聞いて、何を感じたのだろうか。

*

数年前に二泊三日の行程中、行方不明になった人がいる。彼も天川村から入り、弥山の山小屋を経て前鬼まで歩く予定だった。しかし行程二日目の夕方に雨の中を歩いていて滑落してしまう。そこから六日間の苦難が始まるのである。落ちてから何度か転んだり滑ったりを繰り返し、地図や眼鏡、果てはリュックサック(これはなぜか自分で山へ放り投げている)と失っていく。発見された時には靴も靴下も履いていない状態だった。

この間、実にさまざまなモノが彼の周りに現れているのだ。遭難した次の日には尾根の上に白装束の男たちの姿を見ている。あるはずのない山小屋を見て歓喜したり、電話ボックスが三台並んでいるのを見つけて家に連絡しようとそちらに向かうが足が動かなかったりと翻弄され続けている。平地に出て歩き出すと案内板がある。それで行者堂の位置を確認して向かうと立派な楼門があり、信徒の詰め所らしきものにも遭遇している。大きな寺院はライトアップされてまばゆいばかりだ。しかし誰も助けてはくれない。明るくなって歩き出すとバス停が現れたり、辿り着かない電話ボックスが見えたりするのだ。上空には捜索のヘリコプターが自分の名前を呼びながら旋回しているが、どうしても見つけてもらえない。他にもさまざまな出来事があり、瀕死の状態で何とか山から脱出出来たのである。

後に彼は、これらの出来事を幻覚であるとしながらも、通常の意識下で認識されるものとの差異は感じられなかったと述べている。この件は自身を生死の境へと追い込み未知なる力を得ようとする行者の修行と似ているように思える。千日回峰行の堂入りでは命の果てる寸前まで自分を追い込む訳で、その中でさまざまなモノが現れるという。釈迦が悟りを開く前に多くの誘惑に囲まれる様を表した法隆寺五重塔の中の彫刻とも重なる。もちろん悟りを開くための行為と遭難では根本がまったく違うから、比較するのは間違いかも知れないが。

遭難者は何を見たのか、気になるところではある。

III　森の咆哮

軽トラの待ち伏せ

中国山地、岡山県鏡野町の奥津地区で温泉民宿を営む片田充則さんの話。片田さんは実家の民宿を継ぐにあたり狩猟を始めた若手猟師である。ビーグル犬を供にウサギ狩りをしたり、地元のベテランたちと集団猟で中国山地を駆け巡っている。

そんな若手のホープである片田さんが一人で山菜採りに出掛けた時のことだ。沢沿いに移動しながら山菜を採っていると、妙なことが起きた。

「いつも山菜を採る場所なんですよ、そこは。それがね、〝あれ？　ここはどこかな？　あれ？　あれ？〟って不思議な感覚になって……夢か現実かよく分からない感覚なんですよ」

奥山ではなく里に近い慣れた場所のはずなのに、景色はなぜか違って見えた。これはおかしいと思い、帰り道を探したが分からない。

「いくら周りを見ても沢から上がる場所が分からんのです。かなり歩き回って探したんですが出られないんですよ、沢から」

周りの風景はますます異様さを増していく。昔どこかで見たような感じはするが、それが現実のことなのか夢なのか区別が付かない。

どのくらいの間、夢遊病者のように森を彷徨ったのだろうか、気がつくと見慣れた林道の脇に立っていた。いつの間にかあの不思議な空間から脱出したらしい。しかし本人はどうやって出てきたのかまったく覚えていなかった。

*

現在は廃れてしまったが奥津地区には多くの霊場があった。そこでは修験者たちが籠もって霊力を身につけようと修行を行っていたのである。奥津地区から北へ直線でわずか二十キロ程度の距離にあるのが三徳《みとく》山三佛《さんぶつ》寺だ。ここの国宝建造物として名高い投げ入れ堂は役小角が法力で投げ込んだと言われている。一帯の山岳地帯が古くから修験の場であった最たる証しでもある。

「この辺りの山には祠の跡がたくさんあるんですよ。少し前までは時々修行に来る人もおったようですけど、今は誰も行かんのです。その跡に近づくとね、〝ぞぞっ〟と鳥肌が立つんですよ。特に何があるいう訳じゃないんですけどね。そこは駄目ですね、気持ち悪くて」

片田さんが最初に鳥肌を生じた時は、そこが祠の跡であることは知らなかった。何か妙な感じがする不気味な場所だなと思って先輩猟師に聞き、初めて祠の跡だと分かったのである。

＊

片田さんはキノコ採りの時にも不思議な経験をしている。それはある秋の日に奥山に向かった時のことだ。

すれ違いが出来ない狭い林道を走っていると、待避所に一台の軽トラが止めてあった。

「誰か先に入っとるかな？」

すでに誰かが入っていれば場所を変えなければならない。いったい誰だろうと思い軽トラを見たが、見覚えのない車である。この辺りに入ってくる軽トラは、ほとんどが奥津地区の知り合いばかりだ。しかしそこに止まっているのは他地区のナンバーで、もちろん見覚えのない軽トラである。

「まあ、しょうがない。もう少し上まで行くか」

見知らぬ軽トラのことは気にせずにさらに登っていく。ぐねぐねと曲がりながら進んでいくと、また待避所に軽トラが止まっていた。

「あれ？　ここも誰か入っとるんか？」

その軽トラの横を抜けようとして、片田さんはぎょっとした。

「えっ？　これさっきの軽トラやないんか？」

十分ほど前にしげしげと見た軽トラにそっくり……いやナンバーもまったく同じ車ではないか。そんな馬鹿な。林道は山をぐるりと回っているが、短い時間で先回りすることは不可能なはずだ。

「いやいや、そんなことはない」

片田さんは自分に言い聞かせるとさらに登っていった。そして息を飲む光景に出くわす。

「またおったんですよ、その軽トラが。待避所に止まっとるんです、同じナンバーの軽トラが」

こうなるとキノコ採りどころではない。とにかくその軽トラのことは考えないようにしてひたすら里へと逃げ帰ったのである。

後日その話を先輩猟師にすると、彼は言った。

「ああ、そんなことならあるかも知れないなあ」

やっぱりあれは見間違えではなかったんだと、片田さんは妙に安心をしたのである。

行ってはいけない

片田さんの先輩猟師である小田登さんが育った家は山の中の一軒家だった。奥津地区に電気が入ったのは比較的遅かったが、中でも小田さんの家は集落から離れていたせいもあり電灯が灯《とも》るのは中学生の頃である。暗闇の中で子供時代を過ごした、そんな小田さんの話。

「その頃住んでた家は山の中にぽつんとあったんですよ。家の前では牛を飼っていましてねえ、それが時々柵の壊れた所から逃げ出すんです。その牛が決まって山を越えた所にある村へ遊びに行くんですよ」

当時は電気が来ていないくらいだから、もちろん電話はない。牛の消息は山向こうの村人がわざわざ歩いて知らせに来たそうだ。

「またお前の牛が逃げ出しとるぞ、はよう連れに来い言うてねえ。そいで母親と二人で隣村まで牛探しですよ」

すっかり日が落ちて暗くなった山道を親子で進んでいく。先を行く小田さんは手ぶらである。懐中電灯どころか提灯すら持たずに暗闇の中を歩く、それが当時は普通だった。

「私が先に歩いて、その後から母親がついてきよったんですよ。それがね、ぱって振り向いたらおらんのです、母親が」

真っ暗な山の中で突然小田少年は一人きりになってしまった。あまりのことに何が起きたのか理解が出来ない。漆黒の山は今にも自分を飲み込もうとしているかのように感じられて恐ろしかった。

「どれくらいの時間が経ったでしょうかねえ、突然目の前の藪から〝がばっ〟と母親が跳び出てきたんですよ。これには本当にびっくりしましたよ」

恐怖で顔が引きつったままの小田さんに、母親はこう言った。

「呼ぶ声が聞こえたんだ」

真っ暗な山道を息子の後について歩いていると、〝こっちへ来い、こっちへ来い〟と森の中から自分を呼ぶ声が聞こえる。最初は聞き違いかとも思ったが、段々と気になって結局森の中へと分け入ったそうだ。暗闇の中、藪こぎをしながらその声の方向へと進むが、一向に近づく気配がない。あまりに不思議な声に母親は恐怖を感じた。

「これは駄目だ、この声のほうに行ってはなんねえ。元に戻らなきゃ、帰らなきゃ」

声から逃れるように闇雲に藪を掻き分ける。すると今度はあの声が後ろから迫ってくるではないか。必死で藪を突き進み、飛び出したのがたまたま息子の面前だったのである。母親は謎の呼び声から逃げおおせたから無事に生還出来たようだ。もしあのまま山の奥へと進んでいったら、そこには何が待ち構えていたのだろうか。

消えた友人

「俺たちはそんな不思議な体験はねえなあ。夜中でも一人で山に入るんじゃけど、なぁんも感じんから」

小田さんと同じ猟仲間たちは、特に山で変わった経験は無いと言う。

「そりゃ山で迷ったらパニックになりよるわなあ。それが一番怖いことじゃけえ。何でもねえもんが怪物にも見えるんじゃろ」

平常心を失うからとんでもない目に遭うんじゃと彼らは口を揃える。

「ほいでも、この辺りで行方不明は一人おるの。ほらあれは結局見つからんままやで」

恐ろしい思いはしたことがないという彼らが、数年前の謎の失踪事件を話してくれた。

深い山々に包まれた奥津地区の周辺にはいくつかの名瀑がある。その中で観光名所になっているある滝に、数人の男性が見物に訪れた時のことだ。駐車場から滝までは歩いても十分とかからない。紅葉の季節には多くの人で賑わう、ごくありふれた観光地である。男性たちは滝で写真を撮ったりお茶を飲んだりしてのんびりしていると、一人が滝に背を向けて歩き始めた。

「俺、先に降りとるわ」

そう言って駐車場のほうへと進んでいく。別段妙な感じもせず、彼の背中をみんなで見送ったが、それは彼の最後の姿となった。

「その人は駐車場にはおらんで、しばらく皆で待っても来ん。そいで騒ぎになって消防団やら警察やら出て探したけど、結局見つからんかった。あれは不思議やなあ、サンダルでも歩けるような道なんになあ」

子供でも歩くのは楽な道である。一本道で迷うような場所でもない。それでも彼はいなくなってしまった。いったい何があったのかは誰にも分からない。しかし山ではこのようなことはそう珍しい話ではないのである。

私はこの話を聞いてふと前述の小田さんの話を思い出した。ひょっとしたら彼も呼ばれたのかも知れない。森の中からの不思議な声に。

黒い山

小田さんは若い頃、山から出られなくなった経験がある。小田さんが入った時は山焼きをしたばかりで、山肌は真っ黒だった。あるのは黒焦げの切り株だけで、広々として遠目がよく利く場所である（山焼きとは木を伐採した後に火を放ち、下草や低木を焼き払って次の植林に供える作業）。

「そろそろ帰ろうかな思うたら、なぜか道が分からんようになったんです。あれ？　変じゃのうと周りを見ても、どっちへ行ったらいいのかまったく分からん」

そこで小田さんはふと思いつく。この焼山のてっぺんまで行けば辺りがよく見えて、帰り道が分かるだろうと。腰には父親譲りの銃剣を剣鉈代わりに差してある。それを引き抜くと、黒い斜面に突き刺して手掛かりにしながら急斜面を直登していった。

「汗かきながらてっぺんまで登って顔を上げたら、また目の前に焼山があるんですわ。あれ？　またあるのか、でもこれを登れば今度は分かるだろう」

小田さんはふたたび銃剣を斜面に刺しながら頂上を目指して登っていった。そしてまたも目にしたのは黒い山である。三度目の正直とばかりにこの山も登り切ると……。

「また焼山があるんですわ、目の前に」

これはさすがにおかしい、こんなに黒い山が続く訳がない。いや続いているのではない、これはひょっとして同じ山ではないのか？　自分は同じ山を何度も登っているだけじゃないのか？　小田さんは滴り落ちる汗が急に冷たくなるのを感じた。

「もうそこから何とか出ようと必死で歩き回ったんですよ。どれくらい歩いたかよう分からんが、気がついたら知った場所におったんです。どうやってあの山から出たのかは、はっきり覚えとらんかった」

これは真っ昼間の出来事である。遠目の利く開けた場所で迷うことがあるとは不思議だ。しかしそんな場所に小田さんはいったい何の用があって入ったのか？　キノコ採りか、それとも山菜採りかと尋ねると……。

「いやあ、それがなぜそこに行ったのかも全然覚えとらんのですよ。何しにあそこへ行ったんじゃろなあ」

一人だけに聞こえる

山の中での不思議な音に関する話は秋田県の阿仁でよく聞いた。マタギや山仕事をする人たちが山へ入っていると近くで木を切る音がする。しかしいくら探しても作業をする人はおらず、ただ音のみが聞こえてくるのだ。地元ではこれは狸の仕業ということになっている。このような不思議な音を聞いた経験があるか、奥津地区の猟師たちに尋ねてみた。

「音か、いやそんなもんは聞いたことねえのぉ」

「狸？　ほおお、狸がそんな音を出すって？　わっはっは！」

「狸の話なんて知らんのお」

どうやらこの辺りに悪戯狸はいないようだと諦めかけた頃……。

「しかしのお、猟場で誰かが何か言いよったことはあったなあ。山の中で音がする言うてのお」

「ああ、あったな。それは○○じゃ、無線で何か叩く音がする言いよったな」

これは数年前に地区の猟仲間七人で厳冬期の山へ入った時のことだ。ミキリ（獲物がどこにいるのか足跡を見て判断し、巻き狩りをする場所を決める行為）を済ませ、マチ（撃ち手）が配置に付く。あとは勢子が犬を入れて猪を上手く追い始めるまで、マチは文字通りじっと待つだけである。静かな時間が流れ、緊張感がどんどん高まっていく。猟場にはいつもと同じように張りつめた空気が流れていた。銃を携えた猟師たちが目の前の静かな森の中を見つめていると、突然無線が入った。

「おい！　誰や、誰がやっとるんや！」

それはマチに付いている一人の声だった。

「何？　何や、どうした？」

突然の発信に他のメンバーは何事かと驚いた。

「誰が叩いとるんや？　叩いとろうが、カンカン叩いとろうが」

彼が言う意味は誰にも分からない。しばらく沈黙が続いた後、犬の鳴き声が聞こえてきた。勢子が犬を放ったのだ。結局そのまま猟は開始されて何とか猪を仕留めたのである。昼前にいったん集合が掛かると、謎の無線を発した当人が降りてきた。

「何なら、あの無線は？」

「いったいどねえしたんなら」

口々に皆が彼に尋ねた。

「わしがの、マチに付いておったら誰ぞがカンカン何かを叩いとる音がしての。もう犬入れる前に何しとんなら、アホか！　猪が逃げよる思うての」

「音？　どない音がしたいうんや」

「木をな、鉄の棒みたいなもんでカンカン叩くような感じやな。大きな音やったで」

仲間は顔を見合わせる。誰も他にそのような音を聞いた者はいなかったのである。

風も無い静かな山の中で、たった一人にだけ聞こえた謎の音。どうやら奥津地区にも悪戯狸はいるようである。

不気味な声

岡山県の北部、鳥取との県境に蒜山《ひるぜん》高原は位置する。ここは名峰大山《だいせん》を望む高原リゾートとして有名で、夏場は大勢の観光客で賑わう場所である。

蒜山高原は夏は涼しく冬は厳しい自然環境である。しかし古代より集落が築かれ、多くの人々が暮らしてきた。そんな蒜山で長年農林業に従事してきた筒井烝《すすむ》さんが狐の話をしてくれた。

「昔ね、夕方近くまで野良仕事をしとったんですよ。山のほうの畑で大根を収穫しよった。だいぶ辺りが薄暗うなってきよったんやけど、そいでも荷車に大根を積んでおったら、すぐそばで気持ちの悪い変な声がしよるんですわ」

その気持ちの悪い声を再現してもらったが、どう表記してよいか見当もつかない不思議な音である。

「〃：¥～%#<>≠$∞√※♯〃（表記不能）って山の中からね、聞こえてくるんです。それが気持ち悪くてね」

「それは何ですか?」

「狐なんですよ。あれはよう人の話を聞いとるもんなんですよ。それで話が分かるようになっとるんでしょうねえ。昼間は近くには出てこんですよ。でも夕方になるともう自分たちの時間じゃ、天下じゃ思うんでしょうねえ。そいで〝お前ら人間はもう帰れ〟言うちょるんや思いますよ」

その表記不能の不気味な声を出す狐の姿は確認したのだろうか?

「狐を見たか? いや見とらんですよ。もう暗くて姿は見えませんから。ええ、でもそれは狐に間違いありませんね」

*

筒井さんは炭焼きも行っていた。炭焼きには窯の火を落として完全に蒸し焼きにする作業がある。それが場合によっては真夜中になることも珍しくなかった。

「夜中でも窯を塞ぎに行かにゃあならんのです。それは気持ち悪いですよ、真っ暗ですから。そんな時も狐が〝お前らが来る所じゃない、はよ出ていけ〟言うて、〝<≠×♭##<≒$♮±〟(表記不能)山の中で鳴くんですわ。最初は何や分からんから

恐ろしかったですねえ。まあ狐やと分かってからは何ともありませんけど」

そこでも狐の姿を見たのかをしつこく尋ねると……。

「いや、真っ暗の山の中ですけんなあ、何も見えはしませんよ。でもあれは狐なんです。狐はこうやって人を威かすんですよ。それで驚いて本当は右に行くべき所を左に行ったりして迷うんですなあ。それが狐に化かされたいうことなんじゃないでしょうか」

狐の姿は見えないが狐に違いないと思う理由はよく分からない。筒井さんの祖父の時代にはもっと多くの狐話があったそうだが、今はほとんど聞かないようである。

「爺さん方は狐に化かされた話をようしとりましたね。やっぱりあれじゃないですか、テレビ。テレビが出てきてから、孫たちもそんな爺さんの話を聞かんようになったと思いますねえ」

手相見の警告

蒜山から名峰であり霊峰でもある大山まで通じる街道を大山道という。この大山道の旧宿場町、茅部《かやべ》集落に住む美村毅さんの話。

「私はね、野生動物には互助会があるんじゃねえか思うとるんですよ」

「互助会……ですか？」

「そう互助会ね」

それは戦後間もなくのことである。美村さんは仲間たちと近くの猟場でウサギ狩りをしていた。マチに付いた美村さんは、ウサギを追うビーグル犬たちの咆哮が聞こえるのをじっと待つ。ウサギは基本的に追われると文字通り脱兎の如く逃げるが、かならず円を描くような動きをするのだ。闇雲に逃げ回るのではなく、ある程度決まった範囲内を動く。それをビーグル犬が追いかけるのだ。つまり犬の鳴き声が近づいたらウサギがそばに来ている証拠でもある。

「大きな松の木の下で待っておったんです。段々犬の鳴き声が聞こえてきて、もうすぐウサギが出るな思うとったら、カラスがいきなり〝ギャーギャー〟大騒ぎをするんですわ」

あまりの騒々しさに上を見上げると、樹上では物凄い声が轟《とどろ》き渡る。これではウサギが逃げてしまう。

「何じゃ思いましてね。いっそこいつらを撃ったろかと銃を木の上に向けたんですがね」

黒々とした松の枝葉は、まるでそれ自身が生き物のようだった。鳴き叫ぶカラスの姿はどこにも見えない。ただ物凄い鳴き声だけが辺りにこだまするだけである。

「ありゃカラスの奴らどこにおるんじゃ思うて見上げとって、はっと気づいたら、ウサギがぴょんと跳び出てきよったんです」

間隙《かんげき》を突くように跳び出したウサギは、あっという間に美村さんの視界から消えていった。

「山の動物にはね、互助会があって、そいでカラスがウサギを助けたんだと私は思っていますよ」

互助会か否かは分からないが、ひょっとしたらこれは撃ってはいけない獲物ではなかったのだろうか。それを知らせるために何者かが騒いだのだと私には思えるのだ。

実際に美村さんはカラスだと言っているが、その姿を確認していないのである。松の巨木の上で〝お前それを撃っちゃいけんぞ〟と何者かが忠告をしたようにも感じるのだが……。

*

茅部集落は古くからの宿場町である。今でこそ人や車の往来も少ないが、以前は商店が数軒あり、かなり賑やかな集落だった。その頃に美村さんは不思議なモノに出会っている。

「あれはまだ私が若衆の頃だったなあ。用事があって街道を歩いておったんだ。時間は夜の十一時過ぎだったなあ、確か」

提灯も持たずに闇に包まれた静かな街道を歩いていると、向こう側から誰かがやって来る気配がした。

「誰かのお、こんな遅くに」

闇の中をひたひたと近づく足音に意識を集中していると……。

「前から誰かが来るのは分かったんじゃけど、誰かは分からんのですよ。着物しか見えんのです。いや着物の柄だけしか見えん。それが真っ暗闇の中にぽつんと浮かんどるんですわ」

墨を流したような空間に、はっきりと着物の柄は見える。しかしその上にあるはずの顔はまったく見えないのである。

「柄だけですか見えるのは？ それは女物でしたか？」

これが赤い花柄ならば多分狐の成せるワザなのだと思い尋ねると、

「いや違いますね。女物じゃありゃあせんです。爺さんが着るような着物でしたなあ、年寄り用ですよ。今考えるとあれが〝もののけ〟いうもんじゃないんですかのう」

しかし〝もののけ〟はなぜ爺さんの着物の柄だけで姿を現したのだろうか、実に不思議である。

＊

美村さんは終戦直前、海軍の特攻隊に配属されていたそうだ。厳しい訓練に耐えながら死出の旅路を待つ青春時代である。ある時、外出した際に街角の手相見に何気なく手を出した。

「その手相見が私の手をじっと見ながらこう言うんですわ、〝お前は十九歳の時に生きるか死ぬかの大変な思いをするぞ〟と」

特攻隊に所属しているのだから当然十九歳で出撃するのだろうと、美村さんはその時思った。仲の良かった隊員たちは少しずつ確実に出撃していく。自分も二十歳までは生きられぬ運命だと改めて覚悟をしたのである。

しかし、それからしばらくして終戦を迎える。生き残った美村さんは無事に故郷蒜山に帰り着く。いつしか例の手相見の言葉も忘れて農作業に忙しい日々を送るのである。

そんなある日、十九歳になった美村さんは地域の仲間たちと猟に出掛けた。平和になってから久しぶりの出猟である。猟師たちは期待に胸膨らませて山へ向かった。当時勢子の役割だった美村さんは獲物を追って斜面を登っていく。目の前の切り株に手を掛けてよじ登ろうとした瞬間、強い衝撃を受けた。

「一瞬何があったのか分からんかった。上におった人が撃ちよったんですよ、私を。危なかったですねえ、弾が切り株に当たったから助かった。そん時にあの手相見が言いよったのはこのことやったんか思いましたね、十九歳でしたから」

こうして十九歳の危機を乗り越えた美村さんは、八十七歳となった今も現役猟師として獲物を追っている。

おろちループ

広島県の旧東城町（現庄原市）で猟友会の会長を務める福本大治さんの話。

「うちの婆さんはツチノコを見た言うとりましたねえ。畑で作業しとったら目の前に現れて、もうびっくりして跳んで帰ってきましたよ」

福本さんが十歳の頃の話で、当然ツチノコという名称はまだ無かった。世の中にツチノコブームが起きた後に、お婆さんは盛んに〝あれがツチノコじゃったんじゃ〟と言うようになったのである。

「まあ私はあんまり信じんのですよ。ヒバゴンいうんも、あれは誰ぞが蓑被《みの》って歩き回っただけじゃ思いますね。冬場雪の上に足跡が無いんやからね、嘘や思います」

ヒバゴンとは、隣接する旧西城町（現庄原市）で五十年近く前に大騒ぎとなった謎の生物である。

「山の中歩いとると、後ろからずーっと足音がついてくるのはよくありますね。若い頃はそれが何か分からんかったから確かめちゃろ思うてね」

しつこくつきまとう足音に業を煮やした福本さんは、振り向きざまに猟犬を放った。

もしそれが動物の仕業ならば間違いなく犬は追うだろう。

しかし……。

「犬は何も反応せんのです。ありゃあ動物の仕業じゃねえのは分かりましたね。だからそれ以上は考えないようにしたんです。足音がしても振り向かんし考えんようにしとります」

怖いモノは無視をする。それが最善の方策かも知れない。

＊

庄原市から島根県の奥出雲《いずも》に向かう峠を越えると有名な奥出雲おろちループがある。これはループ橋としては日本最大のものであるらしい。日本一となるとそれなりに観光客も来るが、自殺者も増える。

「少し前に島根県のほうから帰りよったんです。真夜中でしたね。そうしたらループ橋の手前で警察が道を止めとるんですよ。すぐ分かりましたね、飛び降りやなと」

自殺者は橋の最も高い所からほとんどが飛び降りる。それがちょうど真下の国道に落ちるのである。そのたびに通行止めになるのだから迷惑な話だ。

「知り合いはね、何度も見たそうですよ、幽霊。だからあそこを通る時はオーディオをボリューム一杯にして脇目もふらずに走るそうです」

交通量も少ない山の中に突如自殺の名所が誕生して、住民たちは困惑の表情を隠せないのである。

＊

奥出雲おろちループから広島県側へ下った所にある宿で聞いた話。

「この辺りの三一四号線はカーブが多くてね。そいでバイクの人たちがようけ来るんですよ、走りにね」

当然事故も多く、宿のすぐそばでも死亡事故があった。そんな国道三一四号線を走る路線バスの運転者が会社の女性に妙なことを言われたのである。

「あんた、あそこの道なんかよう毎日走るね。私なんか怖おうてあんな所よう通らんけえ」

何が恐ろしいのかを彼女に尋ねると……。

「何人もおるよ、あそこは。道の脇に何人も立っとるけえねえ」

そう言われても彼は仕事で毎日その場所を通らざるを得ないのだ。彼女のように見えるというのは実に厄介なことである。

呪い神

旧東城町の栗田には八反坊《はったんぼう》という小さな社がある。小高い丘の上、数本の杉の木に囲まれた、何の変哲もないごく普通の社だ。八反坊という人物が祀られ、地元では有名な社である……呪い神として。

「今でも来よるんですよ、夜中にね」

八反坊の近くで地元の桐岡勳雄さんに話を聞いた。

「あれは人に見られんようにせんといかんのです。大体夜中ですよね。酒を二升とタバコを供えてからやるんですわ。成功するとまた同じようにお供えをしてね、お礼参りですよ」

男女間のいざこざも持ち込まれるらしく、相手の名前を書いた紙に無数の釘が打ち込まれるそうだ。しかし〝人を呪わば穴二つ〟という言葉は浮かばないのだろうか。それともよほど恨みが深いのか。

「この下にお婆さんがおるんですよ。その人は霊感が強いというのか、釘が打ち込まれるとすぐ分かるんです。頭が痛うなるんでね。そいで私にちょっと見てきてくれえ言うんですよ」

連絡を受けた桐岡さんが八反坊に向かうと、間違いなく釘が打ち込まれている。それを抜くのがかなり大変らしい。

「やる人は釘の頭をね、切っとるんですわ、簡単に抜かれんようにね。だから樹皮を削ってペンチで引き抜くんです」

見つけるとそのつど始末するのが桐岡さんの仕事でもある。八反坊についての詳しい説明は割愛するが、恨みの中で非業の死を遂げた人物とだけ言っておく。

各地には呪い神が少なからず存在する。現在でも悪しき考えで参る人はいるが、考えようによっては実際に事件を起こすよりはマシなのかも知れない。

＊

桐岡さんは子供の頃から数回火の玉を見ている。一度は祭りの練習で帰りが遅くなった午後九時過ぎのことだ。

「墓地の近くをね、歩いとったんです。大きさはバレーボールくらいでオレンジ色でしたね、それがオタマジャクシみたいに尾を引いとるんですよ。怖くてね、家に逃げ帰りました」

家人に息せき切ってそのことを話すが、驚く者は誰もいなかった。

「ああ、それは火の玉よ。リンが燃えよるんじゃ言われましたね。でもそれが死んだ人から出る言うんで余計に怖うなってね」

土葬墓の近くで火の玉が飛ぶのは珍しいことではなかった。

体の不調が続いたり家族に不幸が重なると拝み屋の出番となる。以前は各地区に存在した拝み屋も、今ではほとんどいなくなった。とはいえ絶滅した訳ではないのである。旧東城町で最高齢の猟師黒川始さんに聞いた。

「災いが続くと拝み屋さんを呼んだもんですわ。大体言うことは同じなんですけえね。家の周りをぐるっと回って水神さんを直せ、竈のろっくうさんを直せ言うくらいですかねえ」

この場合の水神さんとは家への水の取り口に祀ってある神のこと、ろっくうさんとは火の神のことである。その他には〝墓が汚れている〟が定番の台詞だったようだ。

＊

八反坊の近くに住む桐岡さんが子供の頃は、白装束で一本歯の下駄を履いた人が来た。集落ではそれを法院さんと呼んでいる。

「ホラ貝吹きながら家の周りを回って、ここが悪いあそこが悪い言うとりましたね」

この場合は完全に山伏装束であるが、彼が本当に山岳仏教の修行をしたのかは定かではないらしい。実は桐岡さん自身も二十年ほど前に拝み屋に視てもらったことがある。

「酷い腰痛で病院に入院しとったんですよ。もう全然動けんくらいでね。そうしたら年寄りが拝み屋さんを手配したんですわ」

少し離れた所から来たのは売れっ子の拝み屋だった。運転手付きで現れた彼は、何と病室の中で祈禱を始めたのである。

「少し偉い先生らしくてね、運転手の日当も込みで十五、六万かかりましたよ」

「十五、六万円ですか！　高いですね、それで治ったんですか？」

「いいや、治らんです！　手術して動けるようになりましたわ」

結局祈禱では治らなかったが、誰に文句を言う訳にもいかない。驚いたのはその同じ病室にいた半分の人が、その場で祈禱を申し込んだのである。溺れる者は藁をも摑む……か。

現代医学を学んだ医者ですら当たり外れがあるのだから、拝み屋についてとやかく言うのは野暮なのかも知れない。信じる者はまれに救われる世界なのだ。実際に桐岡さんと同じく腰痛で悩む人が、法院さんの祈禱でたちどころに治った例も聞いているのだから。

＊

怪我や不幸ばかりが何も拝み屋の出番ではない。得体の知れないモノとの戦いも彼らの活躍する場なのである。国道三一四号線狐峠付近のうどん屋さんの話。

「この辺りじゃ外道《げどう》が付く言うんですよ」

「外道？ですか。狐じゃなくて」

「外道ですね。年寄りはよう言いよりましたね。外道が近寄ってくると大声でね、〝くそったれえ！　ついてくるでねー〟とか大声で怒鳴るんです」

山道で外道がついてくると、すかさずに怒鳴り散らして追い払うのだという。その外道は狐でも狸でも山犬でもない。何かは判然としない悪いモノだから外道と称されている。

「うちのお婆さんに憑いたことがあったんです。それでいろいろ見てもろうたんやけどね、〝あんたには難しいモノが憑いとる〟言われてね」

その難しいモノはしばらく家にいたそうだ。お婆さんと並んで座っていると、後ろを何かがすっと通る。振り向いても何もいない。それは気配ではなく物体が背中に当たる感触が明らかにあるのだ。例えると犬か猫がすっと背中に触りながら歩く感覚である。

「何人か目の拝み屋さんが言うんです。これはお腹を空かせておるから、赤飯を炊いてお供えをせえって」

その言いつけ通りに赤飯を山盛りにしてお祀りをすると、満足したのか難しいモノはお婆さんから離れていった。

「私は家の周りで小動物とは目を合わせんようにしてますよ。ギロギロ見られると怖いからねえ。来そうな時は石を投げて怒鳴りますよ」

助けてくれた拝み屋は力がある人だったようで、この人が亡くなった時に布団をめくると中に綺麗な白蛇が一匹いたそうである。

ヒバゴンの里

広島県の旧西城町は、ヒバゴンの里として知られている。地区にはヒバゴン饅頭、ヒバゴン煎餅とあらゆる所にヒバゴンが溢れている。ヒバゴン騒動が起こったのは五十年近く前の話なので、元祖ご当地ゆるキャラと言えるかも知れない。

「役場にもね、類人猿課いうんが出来たくらいですよ。今はもう無いですがね」

前述した国道三一四号線沿いの宿の女将は、ヒバゴン騒動の本家本元、油木集落の出身である。今でこそゆるキャラ的存在のヒバゴンも、当時は恐怖の対象だったそうだ。出会った人は皆怯えている。外に出る時はかならず護身用の棒を持って出るという人や、分校では集団下校がしばらく続いた。数年間で目撃者は増え続け、謎の足跡もいくつか発見されたが、決定的な証拠は一切見つからないうちに騒ぎは収束したのである。

ヒバゴンに関して近隣地区の人たちは〝あれは当時の町長が蓑笠つけて歩き回った

んよ〟と冷ややかに言う。つまり嘘八百だと。ただし当時多くの大人たちが顔色を変えて逃げ出したのも事実なのだ。これら遭遇した人が全員亡くなった現在、ヒバゴンは完全にゆるキャラとしてのみ存在している。

＊

「小学六年生の時でしたかねえ、ヒバゴンを見たことがありますよ」

西城支所に勤める加藤隆さんは地区猟友会の若手である。加藤さんが生まれた頃はちょうどヒバゴン騒動の全盛期である。

「家の近所の川にゴギ釣りに行っとったんです。あれは夏休みの午後でしたね」

真夏の日差しの中で釣り糸を垂れながら輝く水面を見ていると、上流部に何か動く気配を感じた。加藤さんは顔をゆっくりとそちらのほうに向けて息が止まる。

「猿のでかいのがいたんです。こう立ち上がってね、かなり長い毛で全身を覆われとるんですよ。ちょうど、そう、そんな頭の感じでね」

加藤さんが指さしたのは私の頭である。少し長めの白髪頭はよく似ているそうだ。

「びっくりしてね、姉ちゃんを呼びに行ったんです。一緒に釣りに来とったから」

大慌てで姉を連れてくると、謎の怪物はすでに姿を消した後だった。この頃には新たなヒバゴンの目撃談もほとんど無く、話題にもならなくなっている。しかし加藤少年は、これがヒバゴンじゃないのかとすぐに思ったそうだ。ただ話を詳しく聞くと、ヒバゴンとはかなり形態が違うようでもある。もしかしたら、最初の頃に目撃されたヒバゴンが歳を取って老人（老猿？）となった姿だったのかも知れない。

爺婆の茶飲み話

〝中国山地で鯨《くじら》ウォッチング〟という変わったキャッチコピーが目を引く旧比和町（現庄原市）。ここには、町内で発見されたほぼ完全な鯨の化石が見られる博物館がある。日本海に流れ込む江《ごう》の川流域で、人口二千人の静かな山村だ。そこの越原《おっぱら》で四人の爺婆に話を聞いた。

＊

「狐は撃ったことがないけえのお、あれは人を化かす言うんで。爺さんが狐は大抵つがいでおるけえ、一匹撃つと残りが悪さをする言いよった」

地区で長老格の猟師である八川叙芳さんは、絶対に狐は撃たなかったと言うが、同じ地区の杠《ゆずり》角雄さんはまったく違う。

「狐はなんぼでも捕って食べたけど、何もありゃあせんかったで。ただ山の中で狐に騙されそうにはなったなあ。夕方な、山の中で何や分からんが急に妙な感じがしてきてな」

角雄さんが山道をいつも通り、ごく普通に歩いていると、何とも言えない気分に襲われた。経験したことがない事態に辺りを見渡すと……。

「狐がついてきよるんじゃ」

「姿が見えたんですか？」

「いや、姿は見えん。でもな足跡がずーっと付いとる。俺の後ろになあ」

その話を受けてベテラン杣人の杠信親さんは、

「狐は山の中で光りよる。大きな尻尾を振るとなあ、青白い光がビカビカ出るよ」

いわゆる東北地方でよく見られる狐火はあまり知らないと皆が口を揃えるが、角雄さんは謎の光に遭遇したことはある。

「あれはなあ、夜中の一時ぐらいだったなあ。車で山道走っとったら周りが少し明るうなってのう。それで左のほう見て驚いたわ」

そこには光る物体が車と同じくらいの速度で飛んでいたのだ。角雄さんは横でうつらうつらしていた子供を叩き起こした。

「〝おう、おう‼　何じゃこれは〟言うて二人でびっくりして見とったよ。あれが火の玉じゃねえのかなあ」

＊

角雄さんのお婆さんは畑仕事中、二回もツチノコに遭遇している。いずれも畑横の土手をコロコロと落ちてきたそうだ。

「知り合いの万太郎さんなんかは水神さんに会うとるんで。急に家に飛び込んできてなあ、〝わしゃ今そこで水神さんに会うたんじゃ〟言い出してな」

角雄さんの知り合いは突然家に上がり込み、いかに水神さんが大切かを懇々と説いたそうだ。これは水神さんに会ったのか、それとも狐に化かされたのか区別がつかない。

＊

昔、地区では体の調子が悪いと〝六三除け〟という方法で治したり、神主を呼んで祈禱してもらうことが珍しくなかった。これは今でも細々と行われている。

忽然と人がいなくなる、いわゆる神隠しについても、皆がよく覚えていた。一番不思議な事例では、家で寝ているはずの幼児が煙のように消えてしまったことがあり、未だに何の手掛かりもないという。これはどちらかというと最近の話である。

＊

紅（婆）一点の小田美代子さんは、火葬（野焼き）で怖い思いをしたそうだ。

「家の上のほうに焼き場があって、そこで知り合いのお父さんを焼いとったらな、その煙が地面をこう這うように降りてきてな」

普通煙は天へ昇るのだが、その時は違った。まるでドライアイスの煙が低いほうへ流れるが如く、じわじわと近づいてくるのである。それを見ていた近所の人は〝ああ、仏さんがあんたのほうへ行きよる〟と言ったものだから、小田さんは震え上がって家に逃げ込んだ。

「あれはえれえ怖かったよ。あんな妙な煙は見たことがねえもん」

＊

小田さんは真夜中に赤い謎の光を見たこともあるそうだ。外の便所に行くと、山の上のほうにかなりの大きさの光が見える。びっくりして家に入り、そのことを嫁に告げると……。

「〝お母さんはとうとう惚《ぼ》けてしもうた〟言われたから、もう見ても言わんことにしてのお」

惚けたと思われるのが悔しいから小田さんは口を閉ざしたのである。

火葬の時は数人で酒を飲みながら火の番をする必要があった。ほぼ一日仏さんの焼け具合を見ながらの酒盛りである。時々は頭が転げ落ちることがあり、それを火の中に棒で突き返したというから、火葬はなかなか恐ろしい。

神船

島根県の奥出雲町は旧横田町と旧仁多町が合併して出来た町である。その名の通り出雲地方の奥座敷のような佇まいで、有名な奥出雲おろちループを越えると広島県に通ずる。

御年取って八十歳になる恩田愛吉さんの話。

「もう六十年くらい前の話ですね。仕事を終わって家に帰りよる途中でした。三所川《みところ》の上のほうにある中村地区を歩いておったんです。夕方でね、まだ明るい空を見上げたら何か飛んどるんですわ。最初は、あれは飛行機かいなと思いましたね」

しかし妙である。その物体は飛行機にしては速度がかなり遅いようだ。形は球形で薄明るい光を放っている。

「それがゆっくりと進んで、山のほうに吸い込まれるように消えたんです。ああ行ってしまったなと思いました」

ところが行き過ぎたはずのその物体は、すぐに山陰から姿を現し、戻るように移動する。

「あれ？　これはやっぱり飛行機じゃねえの思いましたよ。今じゃＵＦＯなんて言葉もありますけど、その頃は無いですけんねえ」

奥出雲町には船通山《せんつう》という山がある。古事記によると、この麓にスサノオノミコトが降臨して八岐大蛇《やまたのおろち》を退治した。古来より神の通り道だと信じる人も多い場所なのである。実際に船通山の頂上はほぼ平地で樹木も無い。格好の離発着場のようにも見えるが、それが自然の姿なのか人為的なものなのかはよく分からない。

ちなみに、恩田さんが謎の飛行物体を見たのはこれ一度きりである。

良くないモノ

奥出雲町にある宿泊も出来る博物館で、地質学の学芸員をしている菅田康彦さんの話。

「調査で山をよく歩くんですよ。そうすると時々なぜか背筋がゾクゾクってする場所はありますね。ああ、そっちへ行ったら駄目なんだなと感じます。この前もね、水が三方から流れている場所があって、その合流地点に升があったんですよ」

明るく開けた場所で、ちょうど道の三方向から水が流れ落ちている。その水をコンクリート製の円柱升が満々と受け止めていた。

「それを見た瞬間に体が動かなくなりましたね。なぜかはよく分からないんですけど、あそこに行ってはいけんと思いました」

どうしても近寄ることは出来ず、結局もと来た道を戻ったそうだ。

＊

菅田さんはいわゆる〝見える〟タイプではなく、〝感じる〟タイプのようである。

「あれは私が中学生の頃です。家で勉強をしとったら急に気配がしたんです、子供の。家には私しか子供はおらんのに、私の後ろに立っとるんです」

「気配ですか？　振り向かないでなぜ子供だと？」

「恐ろしくて振り向けませんよ。でもはっきりと分かるんです、子供だっていうことだけは」

恐怖で固まったまま十分ほど過ぎると、その〝子供〟はいなくなった。もちろん振り向いても誰もいなかったのである。

＊

博物館では子供たちを対象にしたイベントを催すことがある。ある時、山の中でポイントを探して回るネイチャーゲームを企画した。これは方位磁石と地図を頼りに予め設定されたポイントを見つけ出す遊びである。

「ネイチャーゲームの専門の人が来て準備をしたんです。同僚がアシスタントとしてその人と一緒にポイントの設置をしに山へ行きました」

山といっても近場で危険性の低い場所である。そこを二人で歩いていると、突然専門家が大きく円を描くように足を運んだ。そしてかなり大回りをしてからポイントを設定したのである。同僚は首を傾《かし》げた。真っすぐ歩けば良いのに、なぜ大回りをしたのだろうか。どうしても気になった同僚は彼に尋ねた。

すると、

「ああ、今の所ですか……う〜ん」

言葉を濁し、話したがらない。気になって仕方がなかったから、さらにしつこく問いただすと、

「あそこには悪いモノがいるんですよ。だから真っすぐに行けなかったんです」

悪いモノの姿がはっきり見えたらしいが、それがどのようなものかは教えてくれなかった。ただ忠告はしてくれた。

「あれはこの山の中を移動しているんです。だから山へ入る時には気をつけたほうがいいですよ」

気をつけろと言われても……。

エクソシストと丑の刻参り

良質の砂鉄が採れた奥出雲町は、古代製鉄法たたらの里として知られている。古事記の八岐大蛇は、この地を源流とする斐伊川《ひい》を表し、その尾から出てきた草薙《くさなぎ》の太刀が、たたら製鉄そのものだと考えられている。

古代史好きにはたまらない場所だろう。これまた古代史好きで知られた松本清張の代表作である『砂の器』、この作品で彼が舞台に選んだのが奥出雲町の亀嵩《かめだけ》地区である。当時区長を務め、松本清張に直接会って記念碑建設の許可を取ったという横路一雄さんの話。

「この辺りも狐に騙された話はたくさんありましたよ。嫁が久しぶりに実家に遊びに行ったが、いくら待っても帰ってこん。探しに行くと山の中で寝とったたなんてねえ。実家で貰った煮染めが無くなっておったから、あれは狐のせいじゃ言いましたねえ。狐火もよう見ましたよ。あれはね、木の橋が原因なんですわ。昔は集落の橋は全部木製でね、それが古うなって腐ると、そこから火が出るんですね」

亀嵩地区にある三郡山（標高八〇四メートル）は文字通り三つの郡の境目にある山で、この頂上付近にはよく狐火が見えたそうである。ただ山の頂上付近なので木橋は存在しない。

＊

「子供の頃は狐憑きがようありましたねえ。あれは昭和十三年頃やったですかねえ。学校の帰りに、〝今日はどこそこで狐憑きを治すぞ〟言うて、みんなでそれを見に行きよりました」

小さな集落のことである。その日にどこで何があるかを村人全員が知っていた。怖いもの見たさで、学校から帰ると横路少年は友達とその家に向かった。

「薄暗い家の中で大きな声がしとるんですよ。部屋でばたんばたん凄い音がしてね、〝これでも出ていかんかああ!!〟って大声が響くんですわ」

恐ろしかったが好奇心のほうが勝る子供たちは、そっと障子の破れ穴から中を覗いた。それは異様な光景だった。白装束の男が幣《ぬさ》（神職の道具）を振りかざして大声を出し暴れ回っている。

〝出ていけぇ〜っ‼　まだ出ていかんかああ‼〟

こちらのほうが狐憑きではないかと思えるほどの暴れぶりである。その横では苦しげに婆さんがのたうち回っている。

〝こらえてごしぇ〜っ、もうやめてごしぇ〜っ〟

「あれは恐ろしかったですねえ。戦いですよねえ、まるで。狐が落ちたかどうかはよう分からんですが、その後は婆さんが普通にしとりました。昔は狐憑きの家いうんがようけあったもんです」

当時は拝み屋さんと言われる祈禱師が集落に複数存在した。狐が憑いた時にはこのような人が呼ばれたのである。

＊

「そこに神社があるでしょ。あそこの先々代の宮司が凄かったんですよ。神社の中に祈禱専用の部屋がありましてね、一度見せてもらったけど、いろんなまじない道具がありましたよ。たくさんの人がその人の所にお願いしに来ていましたねえ」

先々代の宮司さんはかなり霊力のある人だったそうである。この神社そのものも、今で言うところのパワースポット的存在らしい。

「真夜中に神社の杜《もり》でカンカン音がするんです」

「それはもしかして丑の刻参りですか」

「そうです。私の知り合いは夜中に神社の杜を白装束の女が走っているのを見たそうです」

なぜその知り合いは真夜中に神社の杜へ入ったのだろうか。ひょっとしたら、その人も丑の刻参りに……。

「ある時ね、神社の杜で木を切り出したことがあったんですわ。樹皮を剝いたら小さな穴がいっぱいあってね」

丑の刻参りの釘の跡である。どうやらこの神社は夜中のほうが混雑していたらしい。

静かな森に響く不気味な音は、出来れば聞きたくないものだ。

＊

地区には今でも少ないながら拝み屋さんがいる。失せ物探しや病気平癒の祈禱を頼みに来る人はいるそうである。

「体の具合が悪うなった人が拝み屋さんの所に行って視てもろうたんですわ」

彼女が聞いた拝み屋さんのご託宣は驚きだった。

〝あんたに悪さをしとるのは近所の者じゃ。あんたを恨んで呪いをかけとる〟

その名前を聞いて相談者は目を見開いた。自分を恨んでいる人物とは、いつも仲良くしている隣家の住人だったのである。

〝あんなに仲良くしていつもお茶を飲んどるのに‼〟

驚くと同時に妙な安堵感もあった。体の不調の原因が分かったからである。そうなると不思議なもので、体調は少し良くなった気がした。結局彼女は隣人とごく普通に付き合い、それまで同様、毎日一緒にお茶を飲んでいる。

森とみそぎ

　横路さんは長らく林業関係の研究職に携わっていた方である。自らも山を歩き、日々熱心に木や森について考えてきた。

「山で道に迷うのは二通りあるんですよ。方角が分からなくなって道に迷う場合と、誰かに呼ばれてそのままどこかに行ってしまう場合ですね。ここら辺りでも行方が分からんようになった人がおってですよ。みんなで探したけど、結局見つからんで一月経ちましてね。葬式を出さにゃならん言いよったら、ひょっと帰ってきた」

　詳しく話を聞くと、この男は単なる道迷いではなかった。話は三十五年ほど前に遡る。集落で悪さをした男が山に逃げ込んだ。

「みんなで山狩りをしたけど見つからん。これが山じゃのうて、別の町に逃げたいうんなら警察沙汰ですけえね。そいでも山へ逃げたから、村人もまあええじゃろ思うたんです。そこで野垂れ死んでもまあしょうがないんじゃないか、森で死ぬんならええんじゃないかと」

余所へ逃亡したのなら警察に任せ、山に逃げ込んだのなら流れに任せると言うのだ。そして件の男は一カ月後に山の中から出てくるが、住民たちは男を許したそうだ。山へ身を隠すことは山の神に命を預けるということらしい。その結果生きて戻ってくれば、それは山の神が生かして帰した訳だから、みそぎは済んだと判断する。こうして男は、それからも集落で暮らすことが出来た。実に不思議な山村の論理である。

「山や森には分からんことがたくさんあるんですよ。それは解明出来んし、また全部解明する必要もないと思うんです。不思議なことは無いって全面否定じゃ駄目じゃないですかねえ。私はＵＦＯは見たことがありますよ。それにヒバゴンを探しに広島の山に入ったこともあるんです」

科学的思考を常とする研究者でありながら、摩訶不思議な出来事にも柔軟に対応出来る九十歳である。

遍路ころがし

愛媛県西条市にある横峰寺《よこみね》は四国霊場第六十番札所である。駐車場からは南方に西日本最高峰である石鎚山《いしづち》を望むことも出来る標高七五〇メートルの山寺で、住職の亀山さんに話を聞いた。

「私は不思議な体験はありませんが、おじさんは狸に化かされたらしいです」

「狸ですか？　狐じゃなくて」

「狸ですね。里のほうで歩いておったら道が急に分からんようになりましてね。本人は一本道をどんどん歩いとるつもりなんですが、いつまで経ってもどこにも辿り着かない。気がついたらそこは芦原なんですよ。いつの間にか河原におって、芦原の中をぐるぐる回っておったんです。こういうのは狸の仕業やと言われますね、この辺では」

人に悪意ある悪戯を仕掛けるのは圧倒的に狐だと言われるが、四国では狸が相当のワルらしい。

＊

亀山さんの父である先代住職の頃は、近在からさまざまな頼みごとをする人たちが山を登ってきたそうだ。

「頭が痛いの体の調子が悪いの言うてはここに来よりましたね。そのたびに親父がお祓《はら》いをしておったのは見ております。中にはここまで上がってこれんから電話で頼む人もありましたね。もう私の代になると、そういうことは無くなりました」

医療体制が整っていなかった時代、庶民が真っ先に頼ったのは神仏だった。身近な神社仏閣は心のよりどころであり、また実際に人が集まるコミュニティースペースの役割も果たしたのである。

「昔はね、祭りの時なんか寺内に芝居小屋も出来たもんですよ。たくさんの人が集まりましてね、酒も飲むから喧嘩が始まったり嫁探しで女の子を見に来たりしとったんです。寺にはそんな役割もあったんですねえ。今じゃ葬式しかやることがなくなってしもうて、それも問題だとは思いますよ」

石鎚山は修験の山である。険しい道を究めて山の霊力を身につけようと多くの行者がやって来た。山頂で真言を百万弁唱えたりと、さまざまな修行で我が身を鍛えたのである。

「大勢の人が修行に来とりますねえ。なぜかは分かりませんが九州の人が多かった気がします。中にはね、印を結んで九字を切ってから相手を吹き飛ばす人もおったんですよ。今で言えば気ですかねえ、その人は若い人でしたが力がありました」

厳しい修行を積みながら山の霊力を身につけた若い行者は、今、何をしているのか尋ねると……。

「ああ、その人は死にました。若かったんですがねえ」

どうやら修行で当人の運命は変えられないものらしい。

＊

横峰寺から次の六十一番札所まではかなりの難所で、四国霊場に複数ある〝遍路ころがし〟として知られている。四国の最高峰は二千メートル未満だが、その険しさは一級品で平家の落人《おちうど》が逃げ込んだという話にも納得がいく。そんな山道をひたすら歩き続けていると、時には妙なことも起きる。

「お遍路さんで山の中に迷い込む人が時々あるんですよ。真っすぐに道を登ってくれば札所に着くのに、なぜか途中から山の中に入っとる。あれは不思議ですねえ。迷うような所じゃないんです。案内が何カ所にも出とるんですから」

道が整備された現在では、札所巡りで迷うことはまず無い。しかし山へと導かれるお遍路さんは時々いるのだ。その人たちは見つかった後に言うそうだ。〝案内板なんてどこにも無かった〟と。

「まったく見てない言うんですよ。いやいくつも道の端にあるんですが、ああいう時はきっと何かが見せないようにしとるんでしょうねえ」

何か……たぶんそれは狸の仕業なのだろう。

大蛇は寝ている

日本各地には数多くの平家落人伝説がある。東北地方から沖縄までに広く点在するが、険しい山里には特に多く、徳島県三好市の祖谷《いや》地区はその代表格である。その祖谷地区の中で、近年案山子《かかし》の集落として世界的に知られるようになったのが名頃である。名頃で三代続いた猟師家系の小椋辰夫さんに話を聞いた。

「爺さんの頃は夜中にマモ（ムササビ）撃ちに行ったんですよ。その頃は毛皮が高かったからねえ。山仕事の日当よりも稼いでましたよ。でも夜の猟は何かいろいろとあったみたいですね」

ある夜のこと、爺さんはいつものように銃を担ぐと真っ暗な山の中へと入っていった。

「あと二枚は皮が要るな。今晩中に捕れるとええが……」

毛皮の買い付け業者からは来週末に行くからと今朝葉書が届いたばかりだった。区切りよくそれまでに二十枚のマモ毛皮を揃えたら、まとまった金になる。物要りな時期だけにそれはありがたいことだ。期待しつつ山へと入ったが、その日はなかなかマモの姿が見つからない。さんざん森を歩いて一度も銃を構えることはなかった。

「なんじゃろなあ、今日は日が悪いかのお。全然おりゃあせんわ」

帰るか続けるか暗闇の中で思案をしていると妙な音が聞こえてきた。

〝ゴロゴロ、ゴロゴロゴロ〟

暗い森の中から響く重い音。その初めて聞く奇妙な音に爺さんは興味をそそられ、音のほうへと静かに近づいた。いったい何者なのか、爺さんは森の闇の中で一層目を凝らして見ると、ぼんやり丸い塊が見えた。

「なんじゃありゃあ?」

さらに近づいてみて驚いた。蛇がとぐろを巻いている、それも尋常ならざる大きさ。まさに大蛇だった。

「この辺じゃ〝ゴロを引く〟言うんです。イビキをかくいう意味なんですが、大蛇がイビキかいて寝とったんですよ。爺さんは真っ青になって山から帰ってきたそうですわ。でもその話は家族にしかせんでしたね。〝他の者には誰っちゃ言えん〟が口癖でしたから。実は古宮のほうでも四十年くらい前に大蛇騒動があったんですよ。まあいるんでしょうねえ、山には。蛇だけじゃなくても何だか正体が分からない音はいくらでもありますよ。そんなもんを気にしておったら山へは入れません」

とんでもない大きさの蛇話は各地で聞いたが、どれも昼間の話だった。真夜中の森で大イビキをかいている大蛇、彼女はよほど疲れていたのかも知れない。

招くモノ

〝神隠し〟は今なら事件か事故として考えられる。しかしいくら探しても見つからない、まさに煙のように人が忽然と消え去る事例は古今東西に多数ある。そんな時、人は頭の中に〝神隠し〟という言葉が浮かぶのだ。

祖谷地区名頃で六歳の男の子が行方不明になったことがある。大騒ぎになった当時のことを小椋さんが話してくれた。

「この辺り焼き畑をやっとって、畑の横に作業小屋があるんですよ。そこに子供連れていってね、一日農作業するのは珍しくなかったですねえ」

ある日、子供を連れた夫婦がいつものように畑へと向かった。ソバの収穫のためである。その年は天候も良く、作柄はまずまず。夫婦二人は山の斜面で刈り入れに汗を流していた。日が中天を過ぎ、昼食を終えると休憩もそこそこに作業に取り掛かる。

山の日は陰るのが早いから忙しい。夕暮れが近づき、そろそろ帰り支度をしようと子供に声を掛けたが返答がない。また石垣の下でトカゲでも探しているのかと辺りを探すが、姿はどこにも見えなかった。

山から悲壮な表情で夫婦が降りてきたのは日もとっぷりと暮れてからだった。すぐに大騒ぎとなり、村人総出の捜索が行われたが、その姿は見つからない。吉報がもたらされたのは翌日の昼過ぎのことである。

「見つかったのはとんでもない所やったんです。どうしてあないな場所まで行ったんか信じられん」

それはいなくなった畑とはまったく反対側の山だった。その一際《ひときわ》険しい斜面を登り切った所に彼は立っていた。

「滝の上でわんわん泣いとったんですよ。足は擦り傷だらけでね。ようこんな所まで来たな、みんなが思いましたね」

おそらく一晩中、山の中を彷徨ったのだろう。しかし彼はぼろぼろになりながらも大きな怪我はなく、無事に帰宅した。なぜ両親のもとを離れたのか子供に問いただすと……。

「声がしたんや、〝こっち来い、こっち来い〟呼ばれてな、そっちを見たら誰かが手招きしよったんや」

「誰かって誰や？　知った人か」

「いや……手や。手ぇだけやった」

＊

日本のマチュピチュと時に称されるのが祖谷地区の落合集落だ。家や畑を支える石組みは遥か谷底の河原から担ぎ上げて造ったという、まさに血と汗の結晶がこの集落である。その落合集落でソバ打ち体験などを手がける猟師の南敏治さんに話を聞いた。

「親父が知り合いの所から帰る時に、何ぞに呼ばれた言いよったねえ。道をそのまま歩いてくりゃあええのに真ぁっすぐ突っ切って、何でか谷底まで行ってしもうてね。後でどねえした聞いたら〝こっち来い〟呼ばれたんじゃ言うとった」

＊

南さんは集落でひっくり返ったトラックを見つけたことがある。狭い地区だから誰の車なのかはすぐ分かった。

「えらいこっちゃって、中、見たんやどな、誰もおらん。周りを探してもどこにもおらんのや」

乗っていたはずの人の姿は見えない。ただ大きな血だまりがトラックの真横にあった。

「やっぱり怪我しとるのう思うて辺り探すとなあ、血ぃが垂れとるんじゃ、点々と」

これは大事《おおごと》だ。近所の人を呼んで事情を話すと、みんなでその血の跡を辿った。道の横から畑、そして藪の中へと続く血痕はそこで見えなくなった。

「結局その夜は探せんで、次の朝やな、見つかったんは。それがな、崖の所におったんやが、そこまでぎりぎりを歩いとるんやな。途中に水路があってそれも越しとる。その人かなり目ぇが悪うてな。暗い中でとてもあないな所まで無事に行けるとは思えんわ。やっぱり誰かに呼ばれたんじゃ言うとったで」

病院へと連れていかれた彼に医者が尋ねた。

「あんた今まで何しとったんや?」

「わしか? わしゃあ今、飯喰うたところじゃ」

もちろん何も食べてはいない。

しばらくして落ち着きを取り戻した彼の話は実に奇妙なものである。転倒した車の中から這い出すと、声を掛けられたというのだ。それが誰かはよく分からなかったが、手招きされるままについていくと、集落を抜けて山へ入っていく。しばらく進んだが、このまま行くと彼は迷いそうな気がしてきた。

「帰らんといかんからね。そいでこう木の枝を折ってね、道しるべに地面に突き刺しよったらしい」

それに気づいた謎の声は怒りだす。

「お前何をしとるんじゃ！　そんなことするんやないぞ」

きつい口調に彼は道しるべを諦める。そのうち辺りはすっかり暗くなってきたが、不思議なことに足元ははっきりと見える。まるで誰かが明かりを灯しているかのようだった。こうして彼は一晩中山の中を歩き続けて崖の上で発見されるのである。

「あれはほんまに不思議やったなあ。そいでも山に入ったまま消えた人はようけおるんや。理由は分からんけど、何人も戻ってこんのやなあ」

悪狸

四国山中で悪さをするのは大抵が狸である。一説には弘法大師に追い出されて狐が四国からいなくなったというが、どうやらそれは違うらしい。祖谷地区の猟師たちは毛皮目的で狐を狩っているし、その姿もごく普通に集落では見られている。ではなぜ狐が悪さをせず狸だけなのか。その答えは分からない。

*

祖谷地区京上で民宿を営む西谷清、千賀子夫妻に話を聞いた。

「昔は七曲がりの山道を歩いていくんが普通でしょう。夜なんか提灯下げてね、それがぱっと消えると〝こっち来い、こっち来い〟呼ばれて、そのまま橋から落ちて何人も死んだり大怪我したんですよ。それは狸のせいや言いますね」

橋を渡ろうとすると、なぜか二本掛かっている。どちらかが狸の悪巧みで幻なのだ。

慣れた人は、そんな時には慌てずに足元から小石を一つ拾い上げる。そしてどちらかの橋へと投げつける。本物ならカツンと音がして偽物ならそのまま川へと落ちていく。

「昔は電話がないから電報でしょう。配達の人は真夜中でも歩くんですよ。その人はそうやって橋から落ちなんだそうです」

山の中で誰もいないのに木を切る音がしたり石が転がり落ちる音がしてびっくりすることがあり、それも狸のせいらしい。このような音の悪戯に関しては東北地方と同じである。

*

狸が最も好む悪戯の一つが〝追いつけない人〟。これは清さんの友達が経験している。

「雨の降る夜に友達が傘さして歩いておったんです。祖谷集落内の県道二三号線でね、こうつづら折りになった場所があるんやけど……」

暗い夜道を歩いていると自分の前方に人影が見えた。向かう方向は一緒で、どうやら女の人らしかった。

「ああ、あの歩き方なら次のカーブ辺りで追いつくかな」

そう思いながら歩を進めてカーブに差しかかった。

「あれ？　いない」

カーブを抜けて視界が開けると、そこにいるはずの女性の姿がない。辺りを見回して驚いた。傘を差した女性は遥か先を歩いている。視界から消えたわずかな時間に走ったのか、それも全速力で。

「次のカーブが近づく頃に追いつきそうになって、またカーブを曲がると遥か前方を歩いていたそうですよ」

カーブを曲がるたびに、まるでワープでもしたかのように移動する女性。三回同じことを繰り返し、〝ああ、これは狸の仕業なんだ〟と友達は思ったそうである。

＊

類する話は武家屋敷がある大枝集落でも聞いた。以前は武家屋敷の管理をしていた小松ハツ子さんの話。

「集落の区長さんは土木工事をやる人でね。その人が仕事帰りに仲間と一緒に山道を歩いておったそうですよ」

山道に慣れた二人の屈強な男が目にしたのは、前を行く提灯の明かりだった。その歩みは遅く、持ち主は女の人だと思われる。すぐにも追いつきそうだが……。

「それが追いつけんそうです。おかしい思うて少し早足で行ってもね、曲がり角過ぎて前見ると、その提灯はずっと先へ行っとるんやそうです。そのうち段々気持ちが寂しゅうになってくるんやと。これは狸のせいじゃいう話ですね」

＊

小松さんのおじさんはかなりの猛者《もさ》で、狸を投げ殺したことがある。それはある晩の出来事だ。おじさんが友達と二人で集落内の道を歩いていると一人の女性が現れた。提灯のぼんやりした明かりの中に浮かび上がるのは実に綺麗な女性の姿である。二人は魔法にでも掛かったかのように吸い寄せられた。

「それがかなりの美人やったそうでね。近寄ってきたからおじさんがその人の手を握ったんですよ」

単純にスケベ心である。しかし手を握った瞬間、おじさんはいきなりその女の人を一本背負いで投げ飛ばしたのである。彼女はそのまま谷へと落ちていった。真っ青になったのは友達だった。

「お、おい。なんちゅうことをするんや！　大変やぞ」

とガタガタ震えながら言う。当のおじさんは平気な顔で、

「まあ、明るうなってからよう見れば分かるわい」

翌朝、河原へと降りていくと、そこには大きな狸が死んでいたそうである。

「昔はそういうことがようけあったんですよ。騙されて死んだ人もぎょうさんおったですねえ。今はもうそんなことがありゃあせんです。古狸がおらんようになったからでしょう。若い狸には人を騙すのは無理じゃ思いますよ」

狸もやはりベテランの力は侮れないらしい。

犬神家

四国で憑きモノといえば犬神が最も一般的だ。いわゆる狐憑きと同じような現象かと思っていたが、どうやらそうではないらしい。どこから来るのか分からない狐とは違い、その存在する場所（家）を誰もが知っているのだ。この点は秩父地方などのオサキ（オザキ、オサキ狐）と似ている。

「どこそこは犬神さんを祀っとる家やから、そこの女の人は嫁に貰おちゃいけん言われとりましたねえ」

これは多くの人から聞いた話だ。しかし決して忌み嫌う対象ではなく、神聖なモノとして捉えている部分もある。

大枝集落の小松さんの話。

「昔から犬神憑きの家とは喧嘩しちゃあいけん言いますねえ。仲が悪うてもいかんし、仲が良すぎてもいかん。それが犬神家との付き合い方なんです」

これは秩父地方で聞いたオサキと同じである。オサキの家の者は力があるから、もめごとを起こすなと言うのである。これは単なる偶然なのだろうか。

＊

犬神を祀る家には、また独特の風習があったらしい。

「犬神さんを粗末にするとね、家を出て近所に悪さをするんですよ」

「家から出ていってしまうんですか？　余所の家に住み着く？」

「いや、違うんですよ。家からは離れはせんです。そこは犬神の家ですけん」

つまり扱いが気にくわないと外に出て悪さをするらしい。実際に犬神に憑かれたという隣家の女の人が暴れ出したことがあった。六人の男が押さえつけたが、それをいとも簡単に跳ね飛ばしたそうである。このようなことが時々集落内であったそうだ。原因は犬神家がきちんと犬神を祀っていないからである。

「犬神さんには小豆《あずき》飯を炊いてお供えをせんといかん。辺りも綺麗にして居心地を良うせんと怒って家を出るんやから。そうしたら周りの人の迷惑になるんやから大変なんや」

ひょっとしたら、犬神とはもともと浮浪神だったのかも知れない。それを特定の家が引き受けて祀ることで、集落全体の安全に繋げたのではないだろうか。本来は山の中を勝手気ままに彷徨う犬神を限られた空間に封じれば、安心して山へ入れるという苦肉の策だったのかも知れない。

ヤマミサキ

山の中で急に嫌な気持ちがして背筋がぞくっとすることを、祖谷地区では〝ゾンッ〟とすると言う。大枝集落の小松ハツ子さんの〝ゾンッ〟とした話。

「集落の仲間と茅を刈りに行ったことがあるんです。背中一杯に茅を背負ってちょうど草原を歩いておったら、〝ゾンッ〟としたんですわ」

汗をかきながら歩いていると、草原が音もなく分かれるのが見えた。それはまるで生き物が草を分けて進むようである。しかしそれらしい動物の姿はまったく見えない。

「何じゃろうな、あれは?」

さして気にも留めずに歩いていくと、右からやって来たその草分かれが自分とぶつかった。いやぶつかる感触はまったくなかった。ただ交わった瞬間に〝ゾンッ〟としたのである。小松さんは急に体が重くなる感じがして怠《だる》さを覚える。それでも何とかみんなに支えられて家に辿り着いたが、そのまま高熱を発して寝込んでしまった。

「そりゃあヤマミサキじゃ言うんで、太夫さん（神主、拝み屋）を呼んで拝んでもろうてすぐ良うなりました。あれは交通事故みたいなもんですねえ。たまたま私が歩くのとヤマミサキの進む方向が同じでぶつかってしもうたんです」

風も無いのに草が分かれながら進んできたら、それはヤマミサキ、立ち止まって道を譲るほうが賢明らしい。

＊

他の山村と同じく、祖谷地区も昔は土葬である。近代的な火葬場が出来てからもしばらくは土葬を行っていたそうである。

「うちのお婆さんは火葬されるのが凄く嫌だったみたいでね、自分が死んだら絶対に土葬にしてくれと言っとりました。〝もしも火葬にしたら化けて出てやる！〟とまで言うんですよ。焼かれるのがよっぽど怖かったんでしょうねえ」

お婆さんの脅し文句は功を奏し、その時分では珍しく土葬にされたのである。それからしばらくして先祖代々の墓を一つにまとめる必要があった。いくつもある土葬墓から多くの骨を取り出して一つの墓にし、供養しやすくするためだ。

「その時にね、古い骨がぎょうさん出てきたんやけど、お婆さんのは少し生っぽかったですねえ」

つまり人らしい部分が多く残っていたということか……夢に出そうである。

婆と侍

祖谷地区の最東端に位置するのが剣山《つるぎ》である。一九五五メートル、徳島県の最高峰である剣山の麓で民宿を営む方に話を聞いた。

「私の親戚の男の子がいるんです。その子がバイクに乗って菅生《すげおい》の道を走っておったんですよ」

ある晩のこと、彼は暇を持て余し、山道をスクーターで疾走していた。途中、集落の自動販売機で買った飲み物を手に暗い夜道を走る。対向車はまったく来ない自分一人の道を走るのは格別の気分だった。スピードを落とし、手にした缶コーヒーを一気に飲み干すと、彼はぶんと放り投げる。同時にアクセルをふかして加速した瞬間だった。

「何?」

急に背中が重くなったのである。何かがのし掛かっているのは間違いがない。嫌な感じがしたが、どうしても確かめない訳にはいかず顔を横に向け、絶句した。そこには老婆の顔が見えたのだ。今にもキスされそうなくらいに近づいているではないか。徳島名物子泣き爺よろしく彼の背中には婆がしがみついているのだ。

「慌てるな、慌てるな、慌てるな」

ハンドル操作を誤れば川へと落ちてしまう。しばらく彼は必死で運転を続けたが、次の集落が近づいた頃に背中が軽くなるのが分かり、振り向いても婆の姿は無かった。

「空き缶を投げ捨てたのがちょうど墓場やったらしいです。きっと誰かの墓に当たったんじゃないでしょうかねえ」

＊

彼は山仕事に従事しているが、現場でも不思議な光景を目にしている。それは頼まれた山の下草刈りをしている時だ。たまたまその日は彼一人で作業をしていたが、急に妙なにおいが辺りに立ちこめるのに気がついた。

「何やろう、このにおいは？」

あまり山の中では嗅いだことのないにおいである。どちらかというと嫌なにおいだが、死んだ動物のそれとは違う。

〝カンッ、キンッ〟

においの元を辿っていくと、木々の間から音が聞こえてきた。金属がぶつかるような音、これも山の中ではあまり聞かないものである。さらに音のほうへ進むと、そこには信じられない光景があった。

「侍がね、侍が斬り合いをしとったそうです。刀と刀がぶつかる音が山に響いとったらしいです」

その侍が何者なのかは分からなかったが、彼は争いに巻き込まれないように後ずさりして現場から逃れたのである。ひょっとして、祖谷で語られる平家の落人伝説は本当だったのかも知れない。彼らは未だにこの山の中で戦い続けているのだろうか。

雅な調べ

森の中では実にさまざまな音が聞こえる。風にざわめく木々、遥か頭上で鳴き交わす鳥、下草の中を進む小動物、そのどれもが通常森に存在する訳で、何ら不思議ではない。しかし実際にはまったく説明の付けようがない音も結構聞こえてくるようだ。

高知県安芸《あき》市の長野博光さんの話。お爺さんの炭焼き小屋で体験した出来事である。

「山の上に爺さんの炭焼き小屋があって、子供の頃よう遊びに行っちょったんです。ある日小屋に行ったら爺さんはおらなんだ。まあそれも珍しいことじゃないけえ、一人で遊んじょった。ほうしたら笛の音が聞こえてきよってねえ」

横笛の音色が辺りに響く。最初は誰かが笛を吹いているんだと思って遊び続けた長野少年は、ふと考えた。

「あれは誰やろか？　あんなに上手い人がこの集落におったやろか？」

その調べはあまりにも流麗だったのである。集落で祭りの時に聞く〝ぴ～ひゃらぴ

〜ひゃら〟とは完全に別次元の、神々しささえ感じさせる笛の音に長野少年は恐怖を感じ、その場を逃げ出した。

＊

この話をある作家の人にしたところ……。

「ああ、そんなことは私も経験しましたよ。私の場合は雅楽でしたね、聞こえてきたのは」

彼は山梨県に住んでいる。仕事の合間に山を歩いたり渓流釣りをもっぱら楽しむ、羨ましいライフスタイルだ。ある日、渓流釣りに出掛けた彼が竿を振りながら沢を歩いていると、どこからともなく雅な調べが聞こえてきた。

「あれは……雅楽か？　なぜこんな所で雅楽が聞こえるんだろう」

平日のことでもあり、他に釣り師も入ってはいない。よく来る沢だが、雅楽が聞こえたことなど当然過去に一度もないのである。不思議なことがあるもんだと思ったが、彼には一つ思い当たるフシがあった。

「そこからあまり遠くない場所に知り合いが住んでいたんですよ。そいつがラジカセかなんかを持ってきて流してるんじゃないかと思いましたね」

後日、その知り合いに話をすると、

「そんな馬鹿なことする訳ないだろ！」

と一笑に付されたのである。笛の音といい雅楽の調べといい、日本古来の楽器や旋律である。ひょっとすると、これらは日本の自然、特に森林からインスピレーションを得て生み出されたのかも知れない。

＊

山梨県の作家の方に関しては、渓流釣りの最中にもう一つ不思議な出来事があった。

「沢に入って釣り始めたんですよ。しばらくして気がつくとね、後ろのほうに三人の男がこちらをじっと見ているんですね」

釣りにギャラリーがあっても別段不思議ではない。しかし見物人の存在は気が散るから嬉しくもない。邪魔だなと思いながら沢を遡上する。しばらくして振り向くと、例の男たちは同じ距離でついてきている。

「何だあいつらは！　本当に邪魔な奴らだ……」

軽い怒りを感じながらも違和感を覚えた。なぜだろうと思ってよく見ると、男たちの姿は山の中にまったく馴染んでいないのである。

「山の中を歩いている姿がそぐわないんですよ、周りの景色と。それでよくよく見たらスーツ姿なの、そいつら。その格好で沢沿いを歩いてるんですね」

無表情の男たちは、それからしばらく彼の後をついてくる。気味が悪くなった彼は速度を早めて謎の男たちを振り切った。

「あれはいったい何だったのか？　本当に人が見ていただけかも……いやそれは違うな。やっぱり山怪ですかね、あれは」

あとがき――怪異との付き合い方

十五年ほど前に高知県の梼原《ゆすはら》町で聞いた話だ。ある農家で取材をしていると、何の弾みか〝人魂〟を見たことがあるとその人が言い出した。

「あれは中学生の頃だねえ。ちょうどこの畑の下の道を夜歩いていたら、人魂が光ってたんだ。大きさはバスケットボールより少し大きい感じだったね」

彼はその物体を見て足がすくむ。初めて見る人魂に全身が硬直するのが分かった。

「凄く怖かったよ。でもそこを通っていかないと家に帰れないんだから大変だよ。それ何だと思う？」

「何ですか？」

「蛍なの。蛍が固まって玉になってるのよ」

「はあ、蛍ですか……」

話はこれで終わったが、今考えても何か腑に落ちない。蛍の光は、か弱く明滅する。それがバスケットボール大にまとまって光るものなのだろうか。彼は蛍だと結論付けているが、決してその玉を掻き分けて蛍であることを確認している訳ではない。この辺りで夜光るのは蛍くらいしかいないから、それは蛍だと認識したのである。実は、その謎の光る玉の正体は未だ不明のままなのだ。だからこそ彼は繰り返し自分に言い聞かせている。

〝あれは蛍なんだ〟……と。

遭遇した自分自身が一番納得していないからこそ自己暗示に掛ける必要があるのだ。〝あれは蛍なんだ〟……と。

不思議なモノを見たり不思議なことを経験すると、人は誰でも不安になる。それが旅行で訪れた場所であれば、一過性の出来事だからそのままでも何ら問題はない。しかしそれが毎日のように足を入れる場所ならばどうだろう。明日もそこへ行くとまた怖い目に遭うのではないかと思ったら大変だ。仕事にならない。それを防ぐためには恐怖を消し去る必要が生じる。

「あれは車のライトが反射したんだ」

「ヤマドリが飛んだんだ」

「移動販売の声が響いたんだ」

「動物がいたんだ」

「静電気のせいだ」

さまざまな理由を付けて不思議なことなど存在しないと思い込む。中でも一番強いのは〝錯覚だ〟である。何もかもが錯覚でそう見える、そう感じる、だから本当は何も怖いモノなどありはしないと言う人は少なからずいるのだ。

しかしながら本当に錯覚や他の理由でケリが付いたのならば、それで終わりのはずである。ところが記憶からは消えないのだ。時々あれは何だったのかと思い出し、それを他人に話したりする。そして最後に〝あれは錯覚だったのだ〟と再確認しようとする。

一生のうちに何度もこの作業を繰り返すことこそが、怪異を認めている証拠ではないだろうか。中には完全に記憶から消し去る人もいる。しかしそれがふとした弾みで口から飛び出す場合もあり、そんな時は当の本人が一番驚いているのである。

世の中に怪異を心底完全否定する人がいるのは事実だ。世間に不思議なことや怖いことなど存在しない。そんなことがあるならば是非遭ってみたいもんだと豪語する。そして彼らは周りの人にも大きな声で言う。怖いモノを見たり感じる奴らは臆病者だからしょうがないと……。

果たしてそうなのだろうか？　私はこの乱暴な意見にはもちろん賛成しかねる。人知を超えた存在は少なからずあり、それを恐れ敬う行為は人として必要だと考えているからだ。世の中が進み、昔は普通だったことが迷信だと言われる。中には当然排除すべき迷信もあるが、そうでないものもあるのだ。そこを見極めるのは人それぞれの尺度である。当然個人差が大きい。結局怪異とは個人の中に存在するものなのかも知れない。

文庫版のためのあとがき――一期一会の山怪話

二〇一八年の夏、『山怪』を原作としたテレビ番組が放送された。NHKBSのプログラムで〝異界百名山〟というタイトルである。『山怪』に載っている人たちの所へ制作班が実際に赴き、怪異の現場となった場所でのインタビューや再現で構成されている。残念ながら我が家はBSが見られないので、後日送られてきたDVDで鑑賞をしたが、なかなか興味深い。本書からは〝神様の孫〟〝座敷わらし〟〝行者の世界〟が取り上げられているが、番組中に知らない話があった。

〝神様の孫〟の杣正則さんは、御神酒《おみき》を飲んだ狐が酔っぱらって軒先で寝込んでいた話をしている。

「何それ？　聞いてないよ～」

と思わずテレビの前でぼやいてしまう。取材時に聞き取りが出来ていれば掲載したはずの内容だからだ。しかしここが一期一会の面白いところでもある。タイミング良く話が出ることもあれば、こちらの訊き方が悪いのか置き去りにされる話もあるのだ。

〝行者の世界〟では田中岳良さんが歩き慣れた行者往還で不思議な空間に迷い込むが、その端緒となった同行者にインタビューをしている。彼は不安の中で岳良さんと歩を進めるが、その間、岳良さんが表現したようなセピア色の空間にいたと証言しているのだ。同じ場所にいた人に追加取材をするなど考えたこともないから、彼の証言は非常に面白かった。

『山怪』の取材では関係者に複数回話を聞くことはほとんどない。話の性質上、ニュアンスが微妙に変化する可能性があるからだ。それは語りの特性であり宿命とも言えるが、決して欠点ではないだろう。最も重要視するのは現場で山人に会い話を聞くことであり、話を特にブラッシュアップする必要はないと考えている。物語的にはしたほうが面白くなるのかも知れないが、嘘くさくなる可能性もあるだろう。それならば初めての場所へ向かい、初めて会う山人に話を聞くほうを選ぶ。話は常に新鮮な状態で聞きたいのである。

『山怪』の取材は不確定要素の塊だ。地図を頼りに集落を選び山人を探す。もちろんその山人に山怪経験があるかどうかは分からない。無ければ無駄足だが、それもまた取材の内だと納得している。出会いは簡単ではないが、苦労して話が聞けた時の喜びは格別だ。それが原動力となり、次の取材へと足が向かうのである。

解説　呼び起こされる、豊かな暮らしの記憶

千松信也

僕の中で田中康弘さんといえば、『マタギ 矛盾なき労働と食文化』（枻出版社）に代表される狩猟関係の著作を多数持つ写真家〝マタギカメラマン〟である。長年関わっている阿仁《あに》マタギだけでなく、北は北海道礼文島《れぶん》のトド撃ち猟から南は沖縄西表島《いりおもて》のカマイ（リュウキュウイノシシ）猟まで、日本列島を縦横無尽に駆け巡っての取材から紡ぎ出される著作の数々は、どれも興味深く、田中さんの新刊が出ると聞くといつもワクワクしながら家に届くのを待っていたものだ。

そんな田中さんが「山の怪異」をテーマにした新刊を出したと聞いたのが、二〇一五年。しかも、それが大ベストセラーになっているという。

「山の怪談話とは、田中さんもまた、随分と方向転換したんやなー」

と思いつつ、遅ればせながら、一冊目の『山怪』を入手。寝る前にちょっと読んでみるか、と手に取ると、その内容に引き込まれて一気に読み終えてしまった。

そのときの印象は、

「なんだか地元の猟友会のじいちゃんたちと酒盛りしてる気分になるなあ」というようなもの。猟師同士だからわかる山での感覚や体験、その共通するところや相違点などもおもしろかった。

猟師には偏屈者が多い。それは野生動物を殺める生業《なりわい》ゆえに時代状況によっては蔑まれたり、偏見の目で見られることもあったからだ。実際、僕が一冊目の本を書き、それの取材でテレビに出るという話を猟友会の先輩方にしたときも、「そんなもん、全国から抗議の電話がかかってくるだけやし、やめといたほうがええぞ。わしらはひっそりと好きなことをやっといたらええんやさかい」

こんなふうに諌《いさ》められたことがあった。最近でこそ、獣害対策や生態系保全の観点から狩猟の役割が見直され、マスコミでも取り上げられるなど社会的にも評価されるようになってきたが、一昔前の猟師といえば、「こんな時代にわざわざ山奥まで行ってケモノ獲ってくる変わり者」というような扱いだったのも事実である。

そういった中で自分の信念を曲げずに猟を続けてきた先輩方は、やっぱり一筋縄では行かないツワモノ揃いで、良い意味でも悪い意味でも偏屈である。そんな猟師たちからこれだけの話を聞き出せたのは、マタギ集落を始め、全国各地の狩猟の現場に通い続けた実績があり、猟に関する豊富な知識を素地に持った田中さんだからこそであろう。おそらく田中さん自身、『山怪』を書こうと思い至るずっと前から、何十回何百回と全国各地の猟師の酒盛りに参加し、そこで本書に収められているような話を色々と聞く中でその土台がどんどん出来上がっていったに違いない。

例えば、本編に収められている「降りてくる山の神」というエピソード。山の神は女性なので、男性が下半身を丸出しにして猟をすると獲物にすぐ出会えるというもの。さすがに下半身を出したまま鉄砲を撃つという話はあまり聞かないが、忍び猟で必死に気配を消しながら歩いても獲物に巡り会えず、仕方なく一服して「ちょっと小便でも」とズボンのチャックを下ろしたところで、獲物と目が合ったなんて話はよく聞く笑い話だ。また、広く猟師の間でいわれているのは、山で物を失くしたときに下半身を出して探し回れば、山の神が喜んですぐに見つけさせてくれるというもの。古来より山の神は醜女《しこめ》だと山人の間でいわれており、そのご機嫌を取るために醜《みにく》い魚とされるオコゼを供えるというマタギの風習も有名である。

ちなみに、ツイッターなどで交流する若い猟師の間でも、山でナイフなどを失くしたときに「今日は買ったばっかりのナイフをさっそく（山の神に）奉納しちゃいました。これできっと獲物を獲らせてもらえるはず（泣）」というように、山神信仰はちょっとネタ化しつつも、引き継がれている。

「うん、これは猟やってるもんにとってはたまらん一冊やな。一般の人も普段体験できない猟師の裏話を聞いているような感じでおもしろがって読んでるんやろう」

そんなくらいに当時は思っていたが、その後の『山怪』の快進撃はとどまるところを知らず、今回文庫化された『山怪 弐』に続いて単行本では『山怪 参』まで出ていて、なんと漫画やNHKのドキュメンタリーにまでなっているという。

確かに、この時代にあって消え去りつつある山里の人々の暮らしの中に根ざしている記憶を、「猟師」と「怪異」という二つの軸で収集したこの作品は、民俗学的に見ても非常に価値のある資料であり、そういった視点からも興味深く読めるのは間違いない。

しかし、そこまで世間の注目を集めるというのは正直いってちょっと意外だった。『山怪』に登場するエピソードは、「怪異」といっても、夏の夜に人に読み聞かせて怖がらせることができるようなオチのしっかりある怪談話ではなく、山人が実際に体験した素朴な事例を紹介しているに過ぎない。これは田中さん自身も繰り返し述べていることだ。

いったいなにがここまで人々の心を捉えたのだろうか。

『山怪 弐』の「はじめに」で汲み取り便所の話が出てくる。

僕の実家も子どもの頃は汲み取り式で、トイレは土間にあった。寝室は二階にあったので、夜中に尿意を催すと一階まで降りてから靴を履いてトイレに行かないといけない。古い民家を無理やり増築していた造りだったので、階段を降りたところの真正面に洗面台があるという変わった配置だった。

僕は汲み取り便所の薄暗い明かりの中の底が見えない不気味さよりも、夜中に階段を降りるに従って、足が見え、次に胴体、そして最後に自分の顔が洗面所の鏡に徐々に映っていくのを見るのが本当に嫌だった。鏡に写った自分自身の背後をどうしても確認してしまう。そこに自分以外のモノが見えてしまう恐怖から、階段を後ろ向きに降りることもしばしばだった。

その実家は、増築を重ねた無理もあり、今から二十五年前の阪神淡路大震災であえなく全壊し、今は普通の現代風の住宅となっている。こんなことを思い出したのは何年ぶりだろうか。

本編をじっくりと読みすすめていく。「神様の孫」というエピソードに、キツネに化かされて同じ場所をずっと回っているという人の話が登場する。それ以外にも、知っているはずの山道なのになぜか迷ってしまうという話は各所であるようだ。

僕の頭の中に今は亡き祖母の声が響いてきた。

「うちの田んぼのねきにお稲荷さんのお宮さんがあるやろ、あの裏には実際にキツネの巣穴があってなあ。近くを通ったもんがよう化かされて、ぐーるぐるぐーるぐるその場所で回っとったもんや。あんた、目え覚ましや！って肩叩いたったらだいたい正気に返りよるけどな」

僕の実家が管理している小さな稲荷宮での話である。今ではその周辺は住宅地になってしまい、数本の木に囲まれているだけの状態だが、かつては小さな森があって、キツネも住んでいたそうだ。

僕は兵庫県の伊丹《いたみ》の生まれで、農家の多い古い地域だったので、便所も汲み取りだったし、お風呂も薪《まき》風呂だった。ただ、伊丹には山はないので、山と関わるような暮らしはほとんどなかった。

「拝み屋と憑きもの封じ」を読んだとき、親戚に霊媒師をやっているおばちゃんがいたことを思い出した。ちょっと大きめのお祓《はら》い話があると、祖母がその助手として付いていって手伝ったりもしていたようで、我が家には事あるごとにやってきていた。

「信也くん、ちょっとそこでじっとしときや」

そう言われると、僕はドキッとして固まってしまう。おばちゃんはスルリと僕の後ろに回り込んで、「シュッ！　シュッ！」と肩の上辺りの空気を払いのけるような仕草をし、なにかをゴニョゴニョと唱える。

「これで大丈夫や。いろいろ細かいモンが付いとったし、きれいにしといたしな」

「あらあら、いつもスミマセン。信也、ちゃんとお礼言っときや」

と母が口を挟むところまでがセットだった。小さい頃の僕は、「捕ってきてそのまま殺してしまった虫やトカゲなんかの霊が付いてるんかなー」というくらいに漠然と思っていた。

本編には蛇に関するエピソードも多く収録されているが、僕の祖母も蛇にはうるさかった。僕は子どもの頃から色んな動物を捕まえては飼っていたが、蛇だけは絶対に許してもらえなかった。それは、「家にはそれぞれお守り蛇さんがいて、他の蛇を持ち込むとお守り蛇さんが出ていってしまって、家が滅んでしまう」というのが理由だった。この蛇神信仰は別に我が家だけでなく、広い庭に土蔵まで建っているような近所の大金持ちの友達の家に行ったときも、そこのおばあちゃんから、

「あんたらは信じられへんかもしれへんけど、私が小さいときに飼ってた子犬がウチのお守り蛇さんにまるごと飲み込まれるとこをわたしは見たことあるんよ」

と聞かされたこともあった。そのときは、別の友人と、
「あいつんちは金持ちやから、きっとお守り蛇さんもめっちゃデカイんやろうなあ」
なんて話しながら帰ったのを思い出した。

田中さんから、『山怪 参』の執筆にあたって、取材依頼があったのは三年ほど前だろうか。僕自身は山で猟をしていて不思議な経験をしたことはなかったので、その取材は成立しなかったのだが、今になって考えると、「山で狩猟中の体験」ということにこだわりすぎていたのかもしれない。実際に、本書に登場した多くの語り部も「自分は特に体験したことはないんだけど……」と始めつつ、話し出すと色々なことを思い出してたくさんの事例を披露しているパターンが少なくない。

文庫版『山怪』の「山怪後日談」にこのようなエピソードが紹介されている。家のすぐそばにある菜園にお婆ちゃんが出かけるときに、「山さ大根取りに行ってくる」と言うのだそうだ。「山」というと、斜面に樹木が生い茂り、野生動物が跋扈《ばっこ》している様子を思い浮かべるのが通常だが、「山怪」で語られる「山」の定義はもっと幅広い。「山」とは自分の管理下にある家に対して、その管理が及ばない外界の象徴として存在している。そういう意味では、僕の実家のある平野部の集落にも「山」はあり

「山怪」はあったのだといえるだろう。

この本がこれだけ多くの人に読まれているのは、人々の中のこういった記憶を呼び起こすからなのかもしれない。僕は本書を読み、幼き日の記憶が溢《あふ》れ出てきたことに驚いた。そして、その「怪異」の記憶とともに、少年時代の友だちと遊んだ野原や河川敷の風景、祖父母と同居していた家族の暮らしの様子を思い出した。それは、「怪異話」が媒介となって引き出された懐かしさや居心地の良さの記憶であった。

「山怪」のエピソードの多くは、現代の窮屈な科学万能主義とは相反する世界の様子を紹介している。なんでも無理やり説明しようとするのではなく、「怪異」は「怪異」として受け入れるおおらかさがそこには存在している。これは山人の自然感にも通じることだろう。自然の力を敬い、闇夜を恐れ、人間の分をわきまえる。人間がかなわないモノを認めながら営まれた豊かな人々の暮らしがかつては全国各地にあった。

「山の中で聞こえる音は」というエピソードに、「東北ではほとんど狐のせいですべて片づくのであるが、どうやら奥多摩には悪さをする狐や狸がいないらしい」という話が出てくる。「悪狸」のエピソードには、「古狸がおらんようになったからでしょう。若い狸には人を騙すのは無理じゃ思いますよ」というセリフがある。

人を騙す狐や狸は、それを信じる人がいて初めて存在しうる。皆がそういったものを頑なに否定するようになると、その妖力は弱まり、最後にはいなくなってしまうということだ。「山怪」の存在を認めず、全てを科学で説明しようとするのが進んだ社会なのだろうか。僕にはちょっと味気なく思えてくる。

一昨年、田植えの手伝いのために帰省した際、母親からこんな話を聞かされた。

「こないだ、近所の○○さんのとこの奥さんが夜中に飛び込んできてなあ。なんや、お守り蛇さんの赤ちゃんがゴキブリホイホイにひっついてしもたって言うねん。このままやったら、祟りがある言うて大騒ぎで。また都合悪いことにウチのお父さんが町内の旅行でおらんでなあ。しゃあないさかい、三軒隣のおじさんの家まで頼みに行って外してもろたんや。そしたら、シュルシュルシュルシュルッと元気に帰っていかはってなあ。ほんまあぶないとこやったわ」

どうやら、我が地元ではまだまだ「山怪」は健在のようだ。

せんまつ　しんや　猟師。一九七四年生まれ、京都在住。著者に『ぼくは猟師になった』（新潮文庫）、『けもの道の歩き方』（リトルモア）、近著に『自分の力で肉を獲る――10歳から学ぶ狩猟の世界』（旬報社）がある。二〇二〇年夏以降には、ドキュメンタリー映画「僕は猟師になった」が全国で順次公開予定。

本書は『山怪　弐　山人が語る不思議な話』（二〇一七年二月、山と溪谷社刊）を文庫版に改めたものです。

装幀＝高橋　潤
地図製作＝株式会社千秋社
編集＝単行本　藤田晋也、勝峰富雄（山と溪谷社）
文庫　藤田晋也、宇川　静（山と溪谷社）

山怪　弐　山人が語る不思議な話

二〇二〇年七月二六日　初版第一刷発行
二〇二〇年九月一〇日　初版第三刷発行

著者　田中康弘
発行人　川崎深雪
発行所　株式会社　山と溪谷社
郵便番号　一〇一－〇〇五一
東京都千代田区神田神保町一丁目一〇五番地
https://www.yamakei.co.jp/

■乱丁・落丁のお問合せ先
山と溪谷社自動応答サービス　電話〇三－六八三七－五〇一八
受付時間／十時～十二時、十三時～十七時三十分（土日、祝日を除く）
■内容に関するお問合せ先
山と溪谷社　電話〇三－六七四四－一九〇〇（代表）
■書店・取次様からのお問合せ先
山と溪谷社受注センター　電話〇三－六七四四－一九一九
ファックス〇三－六七四四－一九二七

本文フォーマットデザイン　岡本一宣デザイン事務所
印刷・製本　株式会社暁印刷
定価はカバーに表示してあります

Printed in Japan ISBN978-4-635-04884-2